SCT
문장완성검사의 이해와 활용
Sentence Completion Test

이우경 저

학지사 | Inpsyt 인싸이트
Insight of psychology
심리검사연구소

| 서문

문장완성검사는 임상 및 상담 현장에서 많이 사용되는 검사 기법 중의 하나로, 다른 심리검사에 비해 검사 목적에 맞게 문항을 쉽게 구성할 수 있고 누구에게나 간편하게 실시하고 적용할 수 있다는 장점이 있다. 처음으로 개발되었던 미국에서는 그동안 수없이 많은 버전의 문장완성검사가 만들어졌고 해석 방법 또한 다양하다. 우리나라의 문장완성검사 또한 여러 가지 버전이 출시되어 널리 사용되고 있으며 임상가, 상담가들의 전문적인 경험과 심리학적 지식에 따라 다양한 방식으로 해석·활용하고 있다.

본 서에서는 그동안 저자의 임상 경험을 바탕으로 문장완성검사 문항을 새로이 구성하면서 가장 수월하게 분석하고 해석할 수 있는 체계를 제시하고자 하였다. 이미 개발된 한국판 문장완성검사와 미국판 문장완성검사와는 완전히 다른 독창적인 문장완성검사를 만드는 것은 불가능하기 때문에, 새로운 문항 개발과 매뉴얼을 작성하기 위해 주로 미국에서 개발된 여러 버전의 문장완성검사와 매뉴얼을 토대로 하였고 그 중에서 굿윈Goodwin의 문장완성검사와 로드Rohde가 개발한 문장완성검사, 로터Rotter 방식의 문장완성검사가 가장 많은 연구와 활용법을 담고 있어서 주로 이 세 가지 문장완성검사를 참조하였다.

본 저자가 개발한 문장완성검사의 특징은 다음과 같다.

우선 발달적 측면을 고려하여 아동과 청소년, 성인용으로 구분하여 개발하였고, 특히 청소년은 그 어느 시기보다 발달적인 이슈가 많은 단계라 아동용, 성인용과는 구분할 필요성이 있다고 판단하였다.

둘째, 수량적인 채점 체계는 제시하지 않았지만 기존의 문장완성검사 해석 시 주로 참조하고 있는 영역별 해석 지침을 제시하였다. 또한 문장완성검사 해석에 참조할 수 있는 레빙거^{Loevinger}의 자아발달 이론과 머레이^{Murray}의 욕구 이론 등의 이론적 틀을 제시하였다. 이 책에서 제시한 것 외에도 여러 가지 이론적 틀이 있겠지만 궁극적으로는 임상가, 상담가의 이론적 지향과 경험에 따라 해석의 깊이가 달라질 수 있을 것이다.

본 서는 다음의 두 파트로 이루어져 있다.

파트 I 에서는 문장완성검사의 역사적 배경과 이론적 특징을 기술할 것이다.

파트 II 에서는 저자가 개발한 문장완성검사의 특징을 기술하고 실시, 분석 및 해석 방법을 설명할 것이다. 마지막으로 우울증, ADHD, 청소년 우울증 사례를 간단히 분석하려고 한다.

본 서에서 제시하는 문장완성검사 내용과 채점 방법은 어디까지나 저자의 임상 경험에 기초한 것이어서 앞으로 이 책을 활용하는 많은 임상심리 전문가들과 정신건강 전문가들로부터 피드백을 받아서 해석 체계를 계속 수정해 나가려고 한다. 모쪼록 저자가 개발한 문장완성검사와 이 책을 통해 그동안 문장완성검사에서 놓치고 있는 것이 없었는지 살펴볼 수 있는 기회가 되길 바라고, 문장완성검사가 다른 자기보고식 검사나 투사검사처럼 조금 더 체계적으로 활용되기를 바라는 마음이다.

2018년 1월
저자 이우경

차 례

서문 · 3

Part Ⅰ. 문장완성검사의 이론적 배경

1장. 검사의 역사 및 발달 · · · · · · · · · · · · · · 9
2장. 검사의 특징 · · · · · · · · · · · · · · · 17
3장. 이론적 근거 · · · · · · · · · · · · · · 25
4장. 검사의 종류 및 채점 체계 · · · · · · · · · 37
5장. 심리측정적 특징 · · · · · · · · · · · · 43

Part Ⅱ. 인싸이트 문장완성검사의 개발과 적용

6장. 인싸이트 문장완성검사의 개발 개요 · · · · · · · · · · · 51
7장. 인싸이트 문장완성검사의 유형과 특징 · · · · · · · · 57
8장. 인싸이트 문장완성검사의 실시와 채점 · · · · · · · · 109
9장. 인싸이트 문장완성검사의 분석 및 해석 · · · · · · · · 121
10장. 인싸이트 문장완성검사의 사례 · · · · · · · · · · · · 149

결론 · 171
참고문헌 · 175

Part **I.**

문장완성검사의
이론적 배경

1장. 검사의 역사 및 발달

2장. 검사의 특징

3장. 이론적 근거

4장. 검사의 종류 및 채점 체계

5장. 심리측정적 특징

Part **I.**

문장완성검사의
이론적 배경

1장
문장완성검사의 역사 및 발달

1. 문장완성검사란 무엇인가?

문장완성검사(Sentence Completion Test; 이하 SCT)는 문장이나 단어를 제시하고 수검자가 문장을 완성하게 하는 검사로 최근 들어 전통적인 임상 영역 외에도 교육, 상담, 법정, 인사 선발 등 다양한 현장에서 사용되고 있다. 이 검사는 직접적으로 심리적 특성을 평가하는 자기보고식 검사와 달리 간접적으로 수검자의 특성을 탐색할 수 있는 방법이다. 수검자는 주어진 문항을 완성하는 과정에서 평상시 갖고 있던 생각, 신념, 태도, 공상, 정서적 갈등 등을 드러내는 경향이 있다.

문장완성검사는 검사자가 옆에 없어도 수검자가 혼자 실시 방법을 읽어 보고 스스로 작성할 수 있기 때문에 검사를 실시하는 데 있어서 검사자의 노력과 시간이 가장 덜 드는 검사 중의 하나이다. 다른 심리검사 도구에 비해 검사 실시와 해석이 비교적 간단하면서도 수검자에 대해 여러 가지 성향을 알게 해준다는 점에서 많은 임상심리 전문가들과 정신건강 전문가들이 선호하는 검사이다. 하지만 국내에서는 채점 체계나 이에 대한 연구가 매우 부족한 실정이어서 문장완성검사의 보다 체계적인 적용을 위한 많은 관심이 필요하다.

문장완성검사는 수검자가 반응 내용을 의식하고 자각할 수 있다는 점 때문에 투사검사 범주에 넣는 것에 이견도 있지만, 수검자가 미처 자각하지 못하고 있는 내면의 정신 역동과 성격 특성에 관한 정보를 얻을 수 있다는 점에서 투사검사 범주에 넣어야 한다는 주장이 설득력 있게 받아들여지고 있다. 그러나 문장완성검사는 로샤나 TAT와 같은 다른 투사검사와 차이가 있는데, 로샤나 TAT 반응이 무의식적인 수준에서 나오는 반면 문장완성검사는 의식적인 수준에서 수검자가 인식하고 자각하고 있는 심리적 특성과 상태가 드러나는 경우가 많기 때문이다.

　　문장완성검사는 지능, 교육 수준, 문장력 등의 영향을 받는다. 지능과 교육 수준이 높고 문장 표현력이 좋은 사람들이 더 풍부하게 문장을 완성하는 것은 당연하다. 그러나 지능이 높고 교육 수준이 높아도 사고 수준에 깊이가 없고 사고가 빈곤한 사람들의 경우 구조화된 지능검사와는 달리 구조화가 덜 된 문장완성검사에서는 대부분 단답식으로 반응하여 정보가 별로 없는 프로토콜을 보일 수 있다. 또한 지능과 교육 수준이 높아도 검사에 대한 동기가 없어 대부분 '모른다', '없다' 등 무성의하게 반응할 수도 있다. 따라서 문장완성검사의 반응이 매우 빈약하다면 지능 수준과 교육 수준, 심리검사 동기를 파악해서 해석에 참고할 필요가 있다.

　　문장완성검사가 제대로 실시되었다면 짧은 시간에 수검자에 대해 많은 정보를 가질 수 있다는 장점이 있기 때문에 가급적 '떠오르는 대로 솔직하고 성실하게' 시행하도록 권하는 것이 필요하다. 흔히 문장완성검사를 자유연상 기법의 일부로 여겨 머릿속에 제일 먼저 떠오르는 문장을 완성하라는 지시를 하지만, 이러한 지시는 수검자의 반응을 제한할 수 있다는 견해도(Rhode, 1956) 있다. 하지만 '가장 먼저 떠오르는 생각'을 적으라는 지시를 하지 않으면 문장을 읽자마자 떠오르는 진실한 속마음을 숨기고 의식적으로 방어적인 반응을 할 수 있기 때문에 대부분 이런 지시문을 넣는다.

　　문장완성검사는 수검자 입장에서는 주어진 문장을 읽고 반응을 작성해 나가면서 스스로 통찰을 얻을 수도 있고, 검사자 입장에서는 면담 과정과 치료 과정에서 수검자가 통찰력을 갖게끔 유도할 수 있는 좋은 검사가 될 수 있다. 입원 장면이라면 환자가 미리 병동에서 문장완성검사를 실시한 뒤 임상심리 검사실에 와서 나머지 검사를 실시하는 경우가 많은데, 이때 검사자는 문장완성검사에서 수검자가 기술한 반응을 면담에 활용할 수 있고 반응 내용을 통해 어느 정도 환자에 대한 인상을 가지고 다른 심리검사를 진행할 수도 있다. 또한 심리 치료 과정에서 수검자가 문장완성검사에서 쓴 문장을 중심으로 갈등의 원인을 탐색해 나감으로써 수검자의 통찰력을 이끌어낼 수 있다는 점에서 매우 유용한 도구가 될 수 있다.

2. 문장완성검사 개발의 역사

문장완성검사의 개발과 사용에 대한 역사는 이미 오래전부터 시작되었다. 1879년 개인차를 측정하려고 시도했던 갈튼Galton은 '심리측정 실험'이라는 제목으로 단어 연상 실험 결과를 보고하는 등 문장완성검사 분야에서 선구자적 역할을 하였다. 뒤이어 에빙하우스Ebbinghaus(1896)는 미완성 문장에 답하게 함으로써 수검자의 정신 능력을 측정하려고 시도했고, 여기서 반응이 복잡하면 복잡할수록 정신 능력이 우수하다고 판단하였다. 1904년 비네Binet와 사이먼Simon의 지능검사에도 문장이 포함되었으나 이후 검사의 표준화와 신뢰도의 문제를 이유로 지능을 측정하는 도구로서의 효용 가치가 줄어들었다. 이후 칼 융C. Jung이 1904년과 1906년에 걸쳐 만든 '단어 연상 검사'에서도 문장완성검사의 기원을 찾을 수 있다. 융Jung은 단어 연상 검사를 통해 수검자의 무의식적 태도와 경향성을 분석하였다. 1910년 켄트Kent와 로사노프Rosanoff도 '정신병에 관한 연상 연구'를 발표하면서 문장을 이용한 검사를 사용하였다. 피아제Piaget 역시 1924년에 아동의 판단 능력과 추론 능력을 보기 위해 미완성 문장을 사용하였다. 손다이크Thorndike도 지능검사에 문장 완성 연습을 포함시켜 1927년경 대학생 지능검사에서 활용하기도 했다.

이후 단어 연상 방법보다는 시간이 덜 들면서 더 많은 반응을 끌어낼 수 있는 문장완성검사가 개발되었다. 한 두 개 단어를 제시하는 것보다 미완성 문장을 제시하는 것이 수검자로부터 더 풍부한 반응을 이끌어낼 수 있다는 견해를 바탕으로 문장완성검사가 대중적으로 쓰이게 되었다. 이 무렵 문장완성검사는 성격 문제 탐색이나 대학생 진로 지도 목적, 고아원 같은 시설이나 기관에서 노동 문제를 탐색할 목적으로 사용되었다(Payne, 1928).

텐들러Tendler(1930)는 정신분석 이론에 의해 문장완성검사를 개발하여 환자들의 정서적 능력을 측정하였다. 텐들러는 문장완성검사에서 주어진 모든 문장 단서는 사고 과정보다는 슬픔이나 행복과 같은 정서적 상태를 불러일으키므로 환자들이 가진 정서적인 통찰 능력을 측정할 수 있다고 보았다. 1940년경에 로드Rohde는 60문항으로 이루어진 문장완성검사를 출간하였다. 이후 캐머런Cameron은 와해된 조현병 환자들과 노인성 질환을 앓고 있는 환자들의 사고와 언어를 측정하기 위해 문장완성검사를 개발하였다. 손다이크Thorndike는 문장완성검사 240문항을 사용하여 지능이 낮고 학력이 낮은 수검자들과 지능이 높고 학력이 높은 수검자들을 비교하였다. 여기서 지능이 낮고 학력이 낮은 수검자들은 주로 한 단어 반응을 보여 지능과 학력 변수가 문장 완성에 중요한 요인임을 알 수 있었다.

한편 문장완성검사 반응과 수검자들의 실제 행동 간에는 큰 관계가 없다고 보는 연구자들은 성격 연구에 문장완성검사를 사용하는 것에 대해 부정적인 견해를 피력하기도 했다. 이 무렵 문장완성검사의 문항 자극이 지나치게 통제된 답을 유도하게 되면 방어기제가 작동하면서 수검자가 자신에 대해 많은 것을 드러내지 못할 수 있다는 견해도 대두되었다.

개발 초기의 문장완성검사는 주로 대학생이나 군인, 성인들에게 사용되다가 이후 샌포드Sanford와 그의 동료들이 아동용 30문항을 개발하여 학업 성취, 진로 지도 목적으로 사용하였다.

3. 문장완성검사의 발전 배경과 관련 연구

단어 연상 검사에서 시작된 문장완성검사가 발전하게 된 배경은 제2차 세계대전 동안 참전 병사들에 대한 성격 평가와 군대 배치를 위한 도구로 종합심리검사에 포함되면서부터이다. 군대에서의 성공적인 적용을 바탕으로 일반인들의 검사로 사용된 것은 로터Rotter가 개발한 미완성 문장 검사 RISB(Rotter Incomplete Sentence Blank, 1947)였다. 이후 검사 대상자에 따라 문장 내용이 조금씩 다르게 적용되면서 여러 가지 유형의 문장완성검사가 제작되었다. 제2차 세계대전이 끝날 무렵 문장완성검사는 일반인들에게도 활용되기 시작하였다.

1950년대 무렵부터 문장완성검사는 성격을 측정하는 여타의 투사검사처럼 자리를 잡아갔고 개별 검사 상황에서 효율적으로 활용이 가능해졌다. 쉽게 적용 가능하고 다양한 상황에서 집단으로 실시할 수도 있고 해석도 비교적 단순하다는 장점 때문에 다양한 형태의 문장완성검사를 사용한 연구들이 나왔는데, 특히 로드Rohde의 연구 결과를 주목할 만하다. 로드Rohde 문장완성검사(1957)는 가족 관계나 성차, 사회적 태도, 사회적 적응을 평가하고 문제가 되는 갈등 영역과 강도를 파악하는 도구로 활용되었다.

로젠와이그Rosenzweig는 문장완성검사에서 드러난 부모에 대한 태도가 수검자의 실제 감정과 조율해서 해석이 가능하다고 결론을 내렸고 문장완성검사가 투사 기법으로서의 역할을 한다는 것을 재차 확인하였다.

문장완성검사를 사용한 연구(Rohde, 1957)에서는 1) 반응 속도 2) 무응답 항목 3) 문장완성의 길이, 즉 방어적 반응을 의미하는 긴 반응 4) 수정을 하거나 내용을 바꾸는 것 5) 사용된 언어의 강도, 정서적 언어 표현의 사용 혹은 강한 정서적인 색채 항목에서 성차를 비교하였다. 연구 결과 반응 속도나 무응답 항목 등에서는 성차가 뚜렷하지 않았지만 반응 내용에서는 성차가 드러났다. 즉, 여성들은 남성들에 비해 신체적인 외모와 사회적 적응에 대해서 더 많은 관심을 보였다. 남성들의 경우 여성들에 비해 목표 지향성, 건강, 신체적 운동 부분에 더 많은 관심을 보였다. 여성, 남성 공통으로 직업적 목표나 능력, 정서적인 갈등이나 흥미가 표현되었고 환경적 압력에 대한 내용은 사례사 case history 접근보다 문장완성검사에서 더 정확하게 표현되었다.

성인과 10대를 비교한 연구에서도 로드 Rohde 문장완성검사가 사용되었다. 10대 소년과 성인을 비교한 결과 성인 남성은 정서적 욕구, 즉 가족에 대한 사랑, 이성에 대한 사랑, 초자아 발달, 낙관주의를 더 많이 나타냈다. 10대 소년은 예상대로 비난이나 저주와 같은 공격성을 많이 드러냈고 열등감, 질병, 죽음에 대한 두려움, 목표나 이상적인 자기에 대한 공상과 같은 자아 이상을 더 많이 드러냈다. 그리고 10대들은 문장완성검사에서 사소한 비난과 창피에 대한 민감성을 드러냈다. 반면 성인들은 창의적이고, 뭔가를 탐색하고, 지식을 추구하는 것과 관련된 내용을 더 많이 표현했다. 이러한 결과들은 일반 성인에 비해 10대들이 타인으로부터 무시하고 창피당하는 것에 더 민감하며 이상적인 자기 모습에 대한 공상, 목표에 대한 생각을 훨씬 많이 한다는 것을 나타냈다. 또한 10대들이 보이는 공격성이 어느 정도는 열등감, 수치심과 같은 부정적인 감정을 방어하기 위한 책략으로 해석될 수 있다고 보았다.

1958년 펙 Peck이 개발한 문장완성검사는 정신분석 이론과 자유 연상에 기초하였고 정상 성인의 태도와 적응을 평가하였다. 아노프 Aronoff's(1967)는 사회학적 이론과 매슬로의 성격 이론을 통합하여 문장완성검사를 개발한 뒤 동질적인 문화 집단에서 나타나는 성인의 기본 욕구를 평가하였다.

레빙거와 동료들(1970, 1987)은 자아발달 이론에 따라 문장완성검사(Washington University Sentence Completion Test of Ego Development(WUSCT))를 만들었다. 이 검사는 1998년 아동과 청소년 버전까지 만들어지는 등 다른 검사 버전에 비해 활발한 연구가 전개되었다. 비교적 최근에 만들어진 버전은 현재 환자가 보이는 관심사와 특정 고통 영역의 기저에 있는 심리적 주제를 확인하기 위해 개발되었다. 이 검사는 50문항으로 구성되어 있고 성인용, 청소년, 가족, 직업, 결혼, 양육, 질병, 노화와 같은 영역을 측정하기 위한 8가지 버전을 가지고 있다.

문장완성검사 관련 연구 가운데 드물지만 2000년도 이후에 이루어진 흥미로운 연구 중의 하나는 성격 5요인(FFM : Five Factor Model) 이론과 연결시킨 연구이다 (Hogansen & Lanning, 2001). FFM은 성격 수준을 기술하는 이론으로 인간의 성격이 외향성, 내향성, 개방성, 유쾌함, 양심성과 같은 5개의 특성으로 구성된다고 보고 있다. 이 FFM을 문장완성검사에 적용한다면, FFM의 신경증 수준은 '나를 힘들게 하는 것은 – 자존감이 떨어지게 하는 일이다'와 같은 문항에서 분석이 가능하다는 것이며, 외향성은 '나를 즐겁게 하는 것은 – 삶에 대한 열정이다'와 같은 문항에서 추론 가능하며, 개방성은 '다른 사람들은 – 다양한 사람들이어서 내 삶을 풍요롭게 해준다'와 같은 문항에서 추론할 수 있다. 만일 어떤 수검자가 '엄마와 나는 – 늘 싸운다'와 같은 반응을 했다면 낮은 우호성을 생각해볼 수 있고, '살아오면서 후회되는 것은 – 세상의 규칙을 많이 깬 것이다'와 같은 반응에서는 양심성의 수준을 평가할 수 있다는 것이다. 연구에 따르면(Hogansen & Lanning, 2001) 외향성과 같은 긍정적인 측면은 문장완성검사에서 자주 기술되지만 내향성, 낮은 경험 개방성, 불유쾌함, 낮은 양심성과 같은 개념은 잘 드러나지 않는다고 한다. 이에 대한 연구는 아직 초보적인 단계라 더 많은 연구를 필요로 한다.

비교적 최근에는 지적 장애를 가진 사람들의 자기 지각, 사고, 희망, 내적 생활을 탐색하기 위해 문장완성검사가 사용되었다. 로샤나 TAT와 같은 검사에서 지적 장애가 있는 사람들은 구체적인(concrete) 사고와 사고 빈곤이 두드려져 의미 있는 반응을 하지 않는다. DAP(Draw a Person)와 같이 개념적으로나 언어적으로 부담이 덜한 투사검사에서도 지적 장애가 있는 사람들의 경우에는 시각 – 운동 발달 정도만 추론할 수 있다. 반면 반구조화된 문장완성검사에서 지적 장애를 가진 사람들은 다양한 범위의 반응을 유발할 수 있다(Dykens, et al. 2007). 특히 지적 장애를 가진 성인들은 문장완성검사에서 자신이 갖고 있는 열망과 생각을 드러냈고 자기 개념과 같은 심리적 특성을 많이 표현하고 있었다. 지적 장애를 가진 사람들이 많이 표현한 내용은 학업(학교에서 잘하고 싶다, 대학에 들어가고 싶다 등), 활동(가게에 간다, 영화를 본다, 쇼핑을 한다, 춤을 춘다 등), 데이트(결혼한다, 여자 친구/남자 친구를 사귄다 등), 가족(부모, 형제,

자매와 시간을 보낸다 등), 음식(초콜릿, 사탕, 요리 등), 친구(친구와 외출한다, 좋은 친구를 사귄다 등), 타인을 도와주기(집 없는 사람을 도와준다, 암을 치료한다 등), 돈(부자가 된다, 돈을 많이 갖고 싶다 등), 음악(음악 CD를 듣는다 등), 부정적인 자기 개념(나는 어리석다, 바보 같다, 게으르다 등), 직업(선생님이 되고 싶다, 동물병원 의사가 되고 싶다, 가게 점원이 되고 싶다 등), 애완동물, 긍정적인 자기 개념(유명한, 성공한, 재미있는, 위대한, 행복한 등), 스포츠(야구, 테니스, 골프 등), 여행(디즈니랜드에 간다 등) 등 다양한 영역에 해당되었다.

이 연구에서 흥미로운 점은 지적 장애를 가진 사람들은 일반인들이 생각하는 것보다 문장완성검사에서 긍정적인 자기 개념과 자기 평가 내용을 더 많이 보인다는 점이다. 이들은 자신을 묘사할 때 자기가 하는 활동 관점에서 기술하는 것을 좋아했다. 이들이 주로 하는 활동은 다양한 취미, 과제, 외출(쇼핑하기, 여행하기, 영화보기 등)을 포함하고 있었고 다양한 스포츠 활동에 대한 관심도 표현하고 있었다. 또한 지적 장애를 가진 사람들은 친구나 가족 등 대인관계에 관한 내용보다 애완동물에 대한 생각을 많이 표현하여 애완동물이 이들의 삶에서 매우 중요한 존재라는 것을 알 수 있었다. 또 다른 연구 결과, SCT에서는 신체적으로 부정적인 반응('나는 – 못생겼다')을 한 사람들이 긍정적인 신체 반응을 한 사람들에 비해 CBCL(Child Behavior Checklist)과 같은 객관적인 검사에서 내면화 문제나 불안/우울 점수가 더 높게 나왔다. 이와 같은 연구 결과를 볼 때 지적 장애를 가진 사람들과 라포를 형성하고, 긍정적인 자기 지각을 도와주고, 희망과 목표를 세우게 하는 것과 같은 개별화된 교육 프로그램을 계획하고 실행할 때 문장완성검사가 유용하게 사용될 수 있다.

2장
검사의 특징

문장완성검사는 다른 검사들에 비해 실시하기가 간편하고 검사 시간도 짧게 걸리는 특징이 있고, 치료 목적을 위한 진단적 가치보다는 정보를 모으는 방법 중의 하나라고 볼 수 있다. 문장완성검사는 한 사람의 '전체 성격'을 측정하기 위한 것은 아니며 성격의 깊은 층이나 기본적인 성격 구조를 드러내게 하는 검사는 아니다. 오히려 이 검사는 진단 목적이나 치료를 위한 정보보다는 짧은 시간에 수검자에 대한 인상을 형성해서 면담 주제를 잡게끔 도와주는 측면이 있다. 상황에 따라 길게 면담을 하기 어려운 경우도 있는데, 이때 문장완성검사를 하게 되면 시간을 절약해주고 초기 면접에서 실수로 간과하고 넘어갈 수 있는 핵심적인 주제를 파악하게 해준다.

1. 문장완성검사의 일반적인 장점과 제한점

문장완성검사의 장점은 이론적 가정에 의존하지 않고 실시하기 쉽고 주제적으로도 유연하다는 점이다. 이 검사는 표준화된 면접 질문과 심리측정적인 검사 특성을 결합하고 있다. 표준적인 면접이나 질문지와 마찬가지로 문장완성검사는 언어적 진술이 주어지고 개방형으로 답하게 하기 때문에 객관적인 자기보고식 검사처럼 '예, 아니요'

나 리커트 평정치를 제공하지 않아서 수검자의 응답을 제한하지 않는다.

문장완성검사의 일반적인 장점을 요약하면 다음과 같다.

- 다른 투사검사에 비해 검사 실시와 해석에 걸리는 시간이 짧다. 특히 채점과 해석 과정이 어려운 로샤 검사에 비해 실시와 해석에 걸리는 시간이 매우 짧다.
- 반응의 자유가 있다. 수검자는 '예', '아니요'와 같이 이분법적으로 답을 할 필요가 없고 자신이 원하는 방식으로 답을 할 수 있다.
- 검사 목적의 일부가 숨겨질 수 있다. 수검자들이 문항을 통해 이 검사의 일반적인 의도를 파악할 수 있기는 하지만 '좋은', '나쁜' 반응이 무엇인지 분명하지 않아 검사의 목적이 무엇인지 알기 어렵기 때문에 자유롭게 반응할 수 있다.
- 집단으로 실시할 수 있다. 대부분의 문장완성검사는 크고 작은 집단에 한 번에 실시할 수 있어 시간 대비 효용성이 높은 검사이다.
- 실시나 해석에 특별한 훈련이 요구되지 않는다. 검사 실시는 특별한 훈련이 필요하지 않으며, 해석의 깊이는 검사자의 일반적인 임상 및 상담 경험에 의존한다.
- 객관적인 점수 체계가 없어도 문항 반응 내용 분석만으로도 정신병리 선별 목적으로 사용될 수 있다.
- 다른 검사에 비해 매우 유연하게 문항을 구성할 수 있다. 특수 임상 집단이나 적용 집단에 맞게 맞춤식으로 문항 구성이 가능하다. 예를 들어, 예비 입양 부모의 양육 적합성 평가를 위해 사용한다면 입양과 관련된 두려움, 기대, 아이 양육과 관련된 내용을 추가할 수 있고, 군 복무 부적합 판정을 위한 심리평가를 위해서라면 이와 관련된 문항으로 새로이 구성할 수 있다.

반면 다른 성격 검사에 비해 다음의 단점이 있다.

- 채점 체계를 갖추고 있는 문장완성검사도 있지만 대부분 로샤 검사나 MMPI 검사처럼 기계적으로 채점을 하기가 어렵기 때문에 연구 목적으로 활용하기가 쉽지 않다.
- 로샤 검사나 TAT 검사와 같은 다른 투사검사에 비해 검사 목적을 숨기기 어렵다. 이 때문에 방어가 심하거나 심리적으로 정교한 수검자는 자신이 드러내고 싶지 않은 것을 숨길 수 있다.
- 비협조적이거나 혼란되어 있는 환자의 경우 충분한 정보를 끌어내기 어렵다.
- 쓰기와 읽기 능력이 요구되기 때문에 어린 아동(비문해자)들에게는 실시하기 어려울 수 있다.

2. 표준화된 면담 질문지와의 차이점

특히 문장완성검사는 표준화된 면담 질문지에 비해 다음의 장점을 가지고 있다.

- 문장에 주어진 단서가 면담 질문지처럼 위협적이지 않기 때문에 수검자로 하여금 빨리 반응하게 만든다.
- 표준화된 면담처럼 검사자가 직접 질문을 하지 않기 때문에 면담자 효과가 없다. 문장 단서가 문자로 주어져서 수검자가 그것을 혼자서 읽고 적어 나가기 때문에 검사자, 즉 면담자 편향이 작동하지 않는다.
- 임상 면담에서는 대화의 원칙이나 규준이 있지만 문장완성검사는 재빨리 주제를 바꾸어 다른 주제로 전환하게 만든다.

- 주제가 순서대로 전개되는 임상 면담이나 맥락과는 달리 문항에 대한 답이 적합하거나 바람직하게 보이는 것이 분명하지 않다.
- 특이하거나 흥미로운 반응은 이어지는 심층 면접에서 다룰 수 있다.

표준화된 면담에 비해 위의 장점이 있지만 아래와 같은 제한점도 있다.

- 제시된 문장이 모호해서 수검자가 각자 다른 방식으로 해석할 수 있다.
- 분명하지 않거나 회피적인 반응을 할 경우 자유로운 면담 상황처럼 탐색하기가 어렵다.
- 양적인 점수를 얻기 위해서는 복잡한 코딩 규칙에 따라야 한다.
- 양적인 점수 체계가 보편화되어 있지 않다.
- 임상가의 경험에 따라 질적인 해석의 수준이 다양하다.

3. 구조화의 정도와 방어기제의 작동

문장완성검사에서 제시된 자극의 구조화 여부는 다양한 반응을 유발할 수 있다. 포러Forer와 같은 문장완성검사 개발자는 비구조화된 자극이 내담자의 회피와 방어기제를 더 부추길 수 있다고 보고 구조화된 자극을 선호하였다. 그는 구조화된 문장에서 회피, 무응답 또는 왜곡 반응을 보인다면 진단적으로 더 큰 의미가 있다고 보았고, 문장완성검사는 통제가 적은 상황에서 일어나는 연상 과정의 검사라기보다는 개방적인 태도 검사 혹은 통제된 투사법 검사의 한 형태로 간주되어야 한다고 주장하였다 (Forer, 2008).

포러Forer가 지적했듯이 문장완성검사 자극의 구조화 정도가 과연 의미 있는 결과를 끌어낼지 여부는 논란의 여지가 있다. 지시가 너무 구조화되어 있고 정확해서 표현의 자유를 막는다면 반응의 의미가 제한될 수 있다. 수검자에게 구조화된 자극을 제시하면 쉽게 불안해하고 저항할 수 있고, 당황스럽거나 고통스러운 정보가 제시되면 방어기제를 작동시킬 수 있다. 그렇게 되면 수검자는 수치심, 불안 등을 참을 수 없어 제한된 반응만을 할 수 있다. 따라서 포러의 견해와 달리 매우 구조화된 자극은 왜곡, 회피, 생각이나 감정 표현의 생략과 같은 것을 유발할 수 있다는 관점도 있다.

문장완성검사 반응은 의식적인 혹은 무의식적 욕구에서 나오며 승화(sublimation)나 반동형성(reaction formation)과 같은 방어기제를 불러일으키기 때문에 검사 반응을 통해 무의식적 성격 역동을 분석하는 것은 쉬운 과정이 아니다. 따라서 이런 자료를 분석하기 위해서는 체계적인 해석 절차가 필요하다. 체계적 해석은 질적인 특성을 객관화하고 관계를 요약해주며 중요한 단서를 놓치지 않게 해준다. 실제로 포러는 검사 반응을 구조, 내용, 하위층(substrata), 가설적 특성, 추동, 욕구, 태도 혹은 역동으로 구성하였고 100문항의 구조화된 문장완성검사를 개발하여 연구를 시행하였다. 이 체계는 국내에서 번안이 되어 있기는 하지만 실제 국내 임상 장면이나 상담 장면에서 잘 사용되지 않고 있다.

투사법 검사로서 문장완성검사의 이론적 가정에 대한 연구를 한 멜조프Meltzoff는 더 구체적으로 정신적 세트와 문항 구조가 문장완성검사 반응에 미치는 영향을 분석하였다. 첫 번째 가설은 수검자는 자신의 성격 이면에 숨어 있는 어떤 것을 꿰뚫어보기 위한 직접적인 시도에 방어적이 되고 자존감을 위협하는 상황에 직면하면 방어 태세를 취한다는 것이다. 두 번째 가설은 성격 검사를 받을 때 수검자의 의식적 혹은 무의식적 경향이 반응에 큰 영향을 미친다는 것이다. 대체로 긍정적인 자극은 사회적 바람직성 때문에 긍정적으로 편향된 반응을 유도하고, 부정적인 자극 역시 수검자의 의도에 따라 편향된 반응을 유발할 수 있고, 중립적 자극은 말 그대로 중립적이어서 편향된 반응을 유도하지는 않는다. 이들의 연구 결과에 따르면 수검자는 적응을 잘하는지 혹은 잘 못하는지를 보이기 위해 의도적으로 반응을 조작할 수 있다. 특히 인사선발 과정과 같이 의도적으로 잘 보여야 할 필요가 있는 장면에서는 긍정 왜곡이 쉽게 일어날 수 있다. 그렇기 때문에 투사검사는 자극이 덜 구조화될 필요가 있다고 보았다.

문장완성검사에서 반응을 하게 만드는 원천은 무엇일까? 연구자들은 수검자들이 문장완성검사 상황에서 각자가 갖고 있는 이상화된 의식적 재료에 접근하기도 하고, 무의식의 좀 더 깊은 층에서 끌어낸 재료에 접근할 수도 있고, 주지화, 합리화와 같은 방어기제를 사용해서 갈등 영역을 기술하거나 아니면 숨어 있는 동기를 전혀 인식하지 못하고 의식적인 회피를 할 수 있다고 보고 있다. 문장완성검사는 투사검사이지만 잠재 의식에 숨어있는 욕구 혹은 그 원천에 기초한 의식적인 특성(conscious traits) 자료를 끌어낼 수 있다. 검사 자극에 의해 건드려지는 성격 수준이나 자아 방어기제가 작동하는 정도는 자극의 구조화 여부, 피검자의 욕구 및 불안 수준에 따라 다양하다고 볼 수 있다.

벨락Bellak은 자극이 분명하고 지시가 명확할수록 투사가 일어날 가능성이 적다고 보았다. 예를 들어 '나이가 들어가면서 가장 안 좋은 것은 _____'과 같이 시작하는 문장은 투사 반응을 끌어내기 어렵지만, '다른 사람들은 _____'과 같은 문항은 자극이 불분명하고 모호해서 더 많은 투사를 일으키고 충분히 다양한 반응을 이끌어낼 수 있다는 것이다.

수검자가 자신이 가진 욕구와 불안에 대해 어떻게 접근하는지는 문장완성검사 반응에서 방어기제와 도피기제가 어느 정도로 활발한가에 따라 다르게 나타난다. 만일 피검자가 피해망상이 있다면 투사, 동일시, 왜곡, 합리화와 같은 방어기제가 검사 반응에서 많이 드러날 것이다. 정서적으로 잘 적응하는 수검자라면 왜곡과 같은 지각의 문제는 나타나지 않을 것이다. 검사자를 당황시키고 변덕스러운 반응을 하면서 긴장을 방출하는 사람들은 주목을 받으려는 욕구가 강한 것으로 해석될 수 있다. 이와 같은 사람들은 자기를 극적으로 표현하고 때로는 건강 염려적인 불평을 호소할 수 있다. 동일시 방어기제를 사용하는 사람들은 성취 반응을 통해 욕구를 표출할 수 있다. 과대망상을 가진 사람들은 최상의 존재, 자신의 전지전능함 같은 반응을 보일 수 있다.

어떤 사람들은 순교자 역할이나 종교적으로 열성적이고 과장된 문구, 강박적인 문구를 동원하여 과잉 보상(over-compensation)을 표현할 수 있다. 청소년들은 문장완성검사에서 자기주장이나 자율성 욕구를 표현할 수 있다. 이외에도 도피 방어기제를 사용하여 긴장과 불안에 대한 반응을 표현할 수 있다. 은둔, 부정주의(negativism), 퇴행, 억압, 공상의 형태를 띤 반응도 문장완성검사에서 자주 나타난다.

4. 감별 진단

특정 심리검사 하나만으로 정신과적 진단을 변별하는 데 충분하지 않지만 검사별로 진단 간 차별화된 반응이 있는지 여부는 연구자의 관심을 끌어왔다. 문장완성검사도 예외가 아니다. 문장완성검사 하나의 반응만으로 진단을 내릴 수는 없지만 진단별로 특이한 반응이나 내용 주제는 나타날 수 있다.

진단별로 차별적 반응과 관련하여 셔먼 Sherman은 반응 내용(contents) 요인보다는 형식적인(formal) 요인이 감별 진단에 더 도움이 될 거라는 가설을 검증하였다. '형식적' 요인은 표현 행동, 즉 반응 양식, 태도를 의미하며, '내용' 요인은 문장완성검사 상에서 표현된 것이 무엇인지를 의미한다. 머레이 Murray 방식을 사용해서 조현병 환자와 정상인의 반응 프로토콜을 비교 분석한 연구에서 조현병 환자들의 프로토콜에서는 형식적 요인, 즉 앞뒤가 잘 맞지 않는 불일치 반응(incongruous), 사실 위주의 반응, 단어 오류, 맞춤법 오류 등이 자주 나타난다고 보고하였다. 문장완성검사에서 아주 손상된 환자를 제외하고는 조현병 환자들의 사고 내용에서는 기괴한 요소가 잘 드러나지 않았고 '앞뒤가 잘 안 맞고 비논리적인' 형식적 요인이 감별 진단에 도움이 되었다.

반면 우울증 환자들의 경우에는 비관적이고 염세적인 내용이 많이 드러날 수 있다. 우울증 환자들이 자기, 타인, 미래에 대해 부정적인 인지 삼제(cognitive triad)가 두드러진다는 이론을 바탕으로 굿윈 Goodwin의 GSCT에서는 자기, 세상, 미래에 대한 부정적인 태도를 측정하였다. 이러한 유형의 문장완성검사는 우울증을 조기에 선별하고 심층적인 검사와 치료에 들어갈 수 있는 기초 자료가 될 수 있다.

사이코패스의 경우 욕구 충족, 쾌락적 추구, 책임의 부인, 힘과 지배성 추구, 권위 있는 인물에 대한 적개심, 도덕에 대한 냉소적인 태도, 정당화할 수 없는 공격성, 적대감의 투사, 미성숙한 도덕적 판단, 보복, 냉소적인 유머, 세속적이고 음란한 표현, 단순한 상동증적 언어 표현, 동의어 중복, 불쾌한 감정이 문장완성검사 상에서 주로 표현된다(Endres et al., 2004).

5. 1인칭과 3인칭의 비교

문장완성검사에서 제시되는 1인칭과 3인칭을 비교해본 연구에 따르면(Sacks & Levy, 1950) 1인칭으로 시작되는 자극이 3인칭에 비해 훨씬 많은 반응을 유도하였다. 특히 1인칭 문장완성검사에서 나온 자료는 다른 준거 측정치 검사 결과와 일맥상통한다. 반면 3인칭(예: 그는, 그녀는, 아버지는)으로 시작하는 문장을 사용하였을 때의 장점은 아버지나 권위상에 대한 부정적인 태도와 관련된 반응이 현저히 늘어난다는 점이다. 이는 3인칭 화법이 수검자와 관계를 맺고 있는 사람에 대한 연상을 더 쉽게 유발시키는 효과가 있다는 것을 의미한다. 국내에서도 3인칭(그는, 그녀는)을 그대로 사용한 포러Forer 방식의 문장완성검사가 번역되어 사용되고 있지만 그, 그녀와 같은 3인칭 화법은 우리 문법에 잘 맞지 않고 1인칭에 비해 더 많은 반응을 유발한다고 보기 어렵다.

3장
이론적 근거

문장완성검사를 사용하는 임상가들은 검사 반응을 해석할 때 특별한 성격 이론이나 심리학적 이론을 염두에 두지 않는 경우가 많다. 무의식적인 갈등이나 성격의 어떤 역동적 측면이 문장완성검사에 반영되어 있다고 생각하는 사람들은 정신분석에서 나온 이론적 틀을 가지고 문장완성검사를 해석하려고 할 것이다. 그러나 문장완성검사 반응이 무의식적 내용보다는 의식적 수준에서 이루어진다고 믿는 사람들은 문항 반응에 나온 내용의 문자 그대로를 해석하고자 할 것이다.

투사 개념을 문장완성검사에 적용할 수 있는지 여부는 임상가가 선호하는 이론과 해석 방법에 달려 있다. 잘 알려져 있듯이 성격을 탐색할 때 인간 행동에 작용하는 방어기제가 중요하다. 피해 의식이 있는 사람들의 프로토콜에서는 투사가 빈번하게 나타난다. 반항 장애나 품행 문제를 보이는 사람들은 합리화와 같은 내용이 검사 프로토콜에 빈번하게 드러난다. 문장완성검사가 투사검사인지 아닌지 여부에 관심을 갖는 것보다 더 중요한 것은 수검자를 이해할 수 있는 중요한 변수와 성격적인 특성을 암시하는 내용들이 얼마나 프로토콜에 드러나느냐 하는 점이다.

많은 임상가들이 문장완성검사 해석 시 특정한 이론을 적용하지 않고 경험적인 방식이나 직관적인 방식으로 해석을 하고 있지만, 문헌을 살펴보면 적용할 수 있는 이론적 기반이 몇 가지 있다. 이 중에서 문장완성검사 해석에 가장 많이 적용된 이론이 레빙거^{Loevinger}의 자아 발달 이론과 머레이^{Murray}의 욕구 이론이다.

1. 레빙거의 자아 발달 이론

레빙거^{Loevinger}와 동료들은 각 개인은 핵심적인 자아 기능 수준을 갖고 있다는 가정 하에 문장완성검사를 통해 인간의 자아 발달 수준을 평가하고자 하였다(Loevinger et al., 1970). 레빙거와 같은 성격발달 이론가들은 성격 발달 수준이 고정된 순서로 진행되며 매우 다양한 수준으로 이루어져 있다고 본다. 성격 혹은 성숙의 차이는 사람들마다 다르다. 자아 발달은 발달적인 순서에 따라 이루어지며 이는 개인차가 많다. 자아 발달 이론은 도덕성 발달, 인지 발달, 대인관계 발달을 아우르는 포괄적인 구성 개념 중 하나이다. 레빙거의 자아 발달 이론에서는 자아 발달 단계를 여러 수준으로 구별하고 있다(Loevinger, 1998). 첫 번째 단계는 전 – 사회적 수준(E-1)이며, 이 단계는 언어 표현 능력 출현 이전의 단계이므로 문장완성검사로는 측정할 수 없다. 두 번째 단계는 충동적인 수준(E-2)이며, 세 번째 단계는 자기 보호 수준(E-3), 네 번째 단계는 순응주의자 수준(E-4), 다섯 번째는 자기 인식 수준(E-5), 여섯 번째는 양심적인 수준(E-6), 다음으로는 개별주의 수준(E-7), 자율적인 수준(E-8), 통합적인 수준(E-9)으로 구분된다.

문장완성검사를 통해 측정이 가능한 단계는 두 번째 단계인 충동적인 단계부터인데, 이 단계의 아동들은 자기중심적이고 개념적으로 과잉 단순화된 세계에서 산다. 이 시기의 아동들에게 어떤 문제가 지각된다면 그것은 주로 외부에서 비롯된 것으로 인식되며 거기에서 도망치려는 경향이 있다. 이 단계의 아동은 규칙을 지각하지 못하고 규칙이란 외부 권위에 의해 임의적으로 행사되는 것으로 생각한다. 다음 단계인 자기 보호 단계의 아동은 이전 단계보다는 덜 충동적이고 더 조심하고 자족할 줄 안다. 이 시기의 아동은 단기 이득을 위해 규칙을 준수할 줄 안다. 이 시기 아동도 충동적인 단계와 마찬가지로 문제가 생기면 다른 사람에게 투사하고 자신은 거기에서 빠져나가려고 하는 특성이 있다. 다음 단계인 순응주의 단계는 자신을 위해 규칙에 순응하는 단계이다. 이 단계 아동은 자신을 타인 혹은 집단과 동일시하며 자신의 내면을 지각할 수는 있지만 관습적인 수준에 그친다. 또한 이 단계의 아동은 도덕적이고 진부한 표현을 많이 한다.

청소년기 후기, 즉 고등학교 졸업생 나이 정도가 되면 순응주의 단계에서 자기 인식과 양심적인 단계로 나아간다. 이 시기의 청소년은 자신이 집단과 다르다는 것을 인식하고 동시에 일이나 공부를 기회로 여긴다. 양심적인 단계의 청소년들은 내면을 인식하고 구분하고 타인과의 차이를 인식하게 된다. 이들은 자신이 믿고 있는 신념을 고수하고 성취를 열망한다.

자율적인 단계는 이전 단계와 특징을 공유하며 성취에 대한 열망, 상호적인 관계 추구, 자기실현 욕구로 이어진다. 이 시기에는 내적 갈등이 수용되고 대응력이 생기며 개인차가 지각되고 소중하게 여겨지며 타인의 욕구 또한 존중된다. 마지막 통합적인 단계는 매슬로우의 자기실현과 같은 개념으로 이해할 수 있다.

다음 표는 레빙거의 자아 발달 단계에 따른 특성을 요약해 놓았다. 상위 단계는 발달적으로 성숙한 단계에 해당되므로 문장완성검사에서 중요하게 해석할 필요가 없다. 문장완성검사는 주로 심리장애 혹은 정신병리를 측정하기 위한 검사 도구의 일환으로 사용되기 때문에 성숙한 자아 발달을 의미하는 상위 단계에 해당되는 반응은 해석의 의미가 없다. 반면 앞의 하위 단계 중에서 특히 충동적인 단계와 자기 보호 단계에 해당되는 특성은 위에서 기술한 것처럼 사이코패스와 같은 특정 정신병리적인 특성을 측정할 수 있다. 적대적 반항장애, 품행장애, 반사회성 성격장애, 자기애성 성격장애가 의심되는 상태라면 자아 발달의 하위 단계, 즉 충동적인 단계와 자기 보호 단계의 문장완성검사 반응을 주목할 필요가 있을 것이다.

[표 1] 자아 발달의 이정표(Loevinger, 1976)

단계	충동 통제	대인 양식	의식적인 몰두	인지 양식
1. 사회화 이전/ 공생적		자폐적, 공생적	자기 vs 자기가 아닌 것	개념적 혼란
2. 충동적	충동적, 보복에 대한 두려움	의존적, 착취적	신체 감각	
3. 자기 보호적	기회주의적	조종적, 착취적	자기 보호, 통제	
4. 순응적	외부 규칙에 순응	소속감, 피상적	외모, 사회적 수용, 진부한 감정	정형화된 생각
5. 자기 인식	규준, 목표를 구별함	집단과의 관계에서 자기를 인식, 도와주는	적응, 문제, 이유	다양성
6. 양심적	자기 평가적인 기준, 자기 비난	책임감 있는	동기, 자기 존중	개념적 복잡성
7. 개별적	개별성 존중	정서적 문제로서 의존성	내적 삶과 외적 삶의 분화	개념적 복잡성의 증가
8. 자율적	갈등 대처, 내성	자율성 존중, 상호 의존	역할 개념, 사회적 맥락에서 자기	
9. 통합적	내적 갈등을 조율	개별성 존중	정체감	

레빙거와 동료들은 워싱턴 대학 문장완성검사(Washington University Sentence Completion Test, WUSCT)를 개발하여 각 문장에 대한 수검자의 반응이 위의 자아 발달 단계 중 어디에 해당되는지 분석하였다. 국내에서는 WUSCT 체계가 잘 사용되지 않고 있지만 자아발달 수준이 낮은 수검자들에게 적용시 유용한 정보를 얻을 수 있다.

2. 머레이^{Murray} 욕구 이론

문장완성검사 해석을 위한 역동적인 분석에서는 정신분석과 같은 거대한 이론을 적용한다기보다는 주제통각검사와 마찬가지로 머레이^{Murray}의 욕구-압력이라는 개념적 틀을 가지고 분석할 수 있다. 머레이의 욕구 이론에서는 문장완성검사의 문항 자극은 다음의 특징을 갖고 있다고 가정한다. 첫째, 문장완성검사에서 주어진 절이나 구는 환경적 상황을 기술하거나 행위자에게 영향을 미칠 수 있는 사건을 기술하며 욕구(needs)라는 틀 하에 분류될 수 있다. 둘째, 제시된 문장 부분은 어떤 욕구의 행위 패턴을 기술하고 문법적으로 문장을 완성하게 되면 욕구를 각성시키는 상황이나 사건(압력)을 알 수 있다. 셋째, 주어진 구나 절이 모호해서 행위가 미완성이고 동기가 부족하기 때문에 문법적인 완성을 해야 동기 부분이 채워질 수 있다.

문장완성검사에 머레이의 욕구 이론을 적용한다면 수검자가 가지고 있는 욕구, 내적 상태, 성격 특질 속에 드러나고 있는 기저의 동기적 힘(motivational force)을 이해할 수 있다. 역동적인 접근이라고 해서 문장완성검사를 따로 떼어내어 볼 필요는 없다. 역동적 해석을 할 때에도 앞서 설명한 인구학적 변수, 전반적인 태도 변수, 프로토콜의 형식적 측면, 내용 및 주제 분석, 성격적 특성을 모두 고려해야 한다. 역동적 분석을 위해 머레이[Murray]가 제시한 성격 변수라는 해석적 틀을 사용하는 이유는 인간 행동 반응의 복잡성과 다양성을 매우 포괄적으로 들여다볼 수 있게 해주기 때문이다.

다음은 머레이[Murray] 등(1938)이 제시한 성격 변수이다. 변수는 크게 욕구 변수, 내적 상태 변수, 내적 통합 변수로 되어 있다. 각 변수들의 설명 뒤에는 문장완성검사에서 주로 표현될 수 있는 예시를 기술하였다.

1) 욕구 변수

▶ 순응, 자기 비하 : 더 이상의 고통을 피하고 순응하고 조용히 체념하고 모욕이나 처벌, 비난을 받아들인다. 잘못한 일에 대해 자기를 비난하고 후회, 죄책감, 피학증적인 면을 보인다.

예) 나는-죄를 받아 마땅하다. 왜냐면 잘하는 것이 아무것도 없고 지난날 실수를 많이 했기 때문이다.

▶ 성취 : 열심히 일하고 목표 지향적인 모습이 두드러진다. 목표를 이루기 위해 행동으로 옮기고 노력하고 애를 쓰는 모습이 표현된다.

　예) 나는 – 올해 취업을 꼭 하고 싶고 언젠가 회사의 CEO가 되고 싶다.

▶ 획득 : 일하고, 거래하고, 뭔가를 얻는 사회적 행동과 속이고, 훔치고 사기치는 반사회적 획득 행동이 표현된다.

　예) 지금 나에게 필요한 것은 – 돈이다.

▶ 소속 : 친구를 만들고 사교적으로 어딘가에 소속되고 싶은 욕구가 표현되고, 가족 구성원 또는 이성과 친밀하게 지내고 싶은 욕구가 표현된다.

　예) 무엇보다 가치 있는 일은 – 마음에 맞는 사람들과 잘 어울리고 친하게 지내는 것이다.

▶ 공격성 : 싸우고 저주하고, 비난하고, 모략하고, 비웃는 언어적 공격성과 자신을 신체적으로 방어하고 싶은 욕구, 범죄 행위를 저지르고 죽이고 상해를 입히는 것과 같은 가학적이고 비사회적 욕구가 드러난다.

　예) 나를 가장 화나게 하는 것은 – 속과 겉이 다른 사람이고 이런 사람을 보면 마음껏 비웃어주고 싶다.

▶ 자율성 : 자유롭고 독립적인 것을 추구하고 싶은 욕구가 표현되고, 권위적인 인물에게 복종하는 것을 싫어하며 강압적인 것에 저항하고 싶은 욕구가 표현된다.

　예) 나는 – 자유롭게 살고 싶다.

▶ 비난 회피 : 비난에 민감하고 비난을 회피하고자 하는 욕구가 표현된다.

　예) 나를 가장 불안하게 하는 것은 – 뒤에서 사람들이 나에 대해 수군거리고 비난하는 것이다.

▶ 호기심 : 뭔가 탐색하고 조사하고 사실을 모으고 읽고 지식을 추구하기, 여행을

하거나 새로운 것을 탐색하는 욕구가 표현된다.

예) 나는 – 새로운 곳을 여행하고 싶고 늘 새로운 일을 추구하고 싶다.

▶ 반작용, 반동형성 : 약함, 열등감, 수줍음을 극복하려고하거나 실패를 만회하기 위해 노력을 하는 등의 반작용, 반동형성 욕구가 표현된다.

예) 살아오면서 가장 후회되는 일은–후회하는 일을 만들지 말아야 하지만, 일단 후회할 일이 생기면 그것을 만회하기 위해 노력한다.

▶ 창조성 : 독창적이고 생산적인 무언가를 만들어내고 예술적, 과학적 사고를 하고 창의적으로 행동하고 싶은 욕구가 표현된다.

예) 내가 가장 부러워하는 것은 – 독창적으로 생각하고 자신만의 세계를 구축하는 사람들이다.

▶ 정당성 옹호, 자긍심 : 외부의 비난을 부인하고 실패나 잘못된 행동을 정당화하고 싶은 욕구가 표출된다.

예) 살아오면서 가장 후회되는 일은 – 다 돈이 없는 가정에서 태어났기 때문에 발생한 일들이다.

▶ 존중 : 누군가를 흠모하고 기꺼이 따르고 존경심을 표하고 싶은 욕구가 표현된다.

예) 내가 가장 부러워하는 것은 – 자기보다 아랫사람을 더 생각해주고 책임감을 지는 윗사람들이다.

▶ 지배성 : 타인을 통제하거나 영향을 주고 싶고 리더십을 보이고 싶은 욕구가 드러난다.

예) 나의 미래는 – 탁월한 직장 상사가 되어 있을 것이다.

▶ 전시, 표현 : 누군가에게 매력적인 모습으로 비춰지고, 누군가를 즐겁게 하고, 타인을 기쁘게 하고 싶은 욕구, 극적인 표현이 드러난다.

예) 내 자신이 가장 자랑스러운 때는 – 주변 사람들에게 웃음을 줄 때이다.

▶ 설명하기 : 설명하고 해석하고 판단하며 사실을 열거하고 싶은 욕구가 드러난다.

예) 살아오면서 가장 후회되는 것은–품위 있는 삶을 영위할 만한 돈을 모으지 못했다는 사실이
고, 그렇게 된 이유는 남을 너무 쉽게 믿고 내 것을 챙기지 못하였기 때문이다. 그러나 앞으로
는 과거 경험을 교훈 삼아 나 자신을 조금 더 챙겨서 보다 나은 삶을 살고 싶다.

▶ 위험 회피 : 위험을 회피하거나 도망가고 싶은 욕구, 죽음, 질병, 상해를 입는 것
을 두려워하는 모습이 표현된다.

예) 나의 건강은 – 점점 나빠질까 봐 걱정이다.

▶ 열등 회피(infavoidance) : 수치심을 피하는 것, 실패나 다른 이의 경멸, 비웃
음, 무관심을 야기할 수 있는 상황을 피하고자 한다.

예) 내가 행복하려면 – 다른 사람들로부터 비웃음을 당하지 않게끔 당당하게 살아야 한다.

▶ 양육 : 고통 속에 있는 사람을 위로하고 양육하고 보호하고자 하는 욕구, 동정
심 등이 표현된다.

예) 무엇보다 가치 있는 일은 – 내 주변의 어려운 사람들을 돌보고 그들에게 희망을 주는 것이다.

▶ 조직화 : 어떤 것을 조직화하고 질서 정연하게 하고 싶은 욕구가 표현된다.

예) 내 인생에서 가장 중요한 것은 – 집안 단속을 잘하고 내가 하고 있는 일을 잘하는 것이다.

▶ 수동성 : 이완되고 비활동적인 모습을 보이며 특별한 노력을 하지 않고 어떤 이
득을 얻으려고 한다. 자기가 하기보다는 타인에게 일을 맡기고 결정을 하려고 하
지 않는다.

예) 엄마와 나는–떼려야 뗄 수 없는 관계이고 엄마에겐 난 늘 어린아이다.

　　우리 엄마는–알아서 다 해준다.

▶ 유희 : 즐거운 시간을 보내고 스트레스에서 벗어나기 위해 상황을 조금 가볍게 보고 유머스럽게 받아들이려고 한다.

　예) 나를 가장 힘들게 하는 것은–시간이 약이라는 말이 있듯이 조금 지나면 나아진다.

▶ 인정 : 주변 사람들로부터 인정과 칭찬을 추구하고 성취를 자랑하거나 과시하려고 한다.

　예) 나는–누구나 인정하는 똑똑한 사람이다.

▶ 거부 : 누군가를 무시하고 경멸하고 열등한 것에 대해 무관심하고 차별하기 등이 표현된다.

　예) 나는–자신을 책임지지 못하는 사람들을 싫어한다.

▶ 보유 : 뭔가를 움켜쥐고 지나치게 인색하고 상실 경험과 소유물이 없어지는 것을 피하고자 한다.

　예) 나를 가장 불안하게 하는 것은–내가 가진 능력과 돈이 자꾸 없어지는 것이다.

▶ 격리 : 혼자 있거나 프라이버시를 유지하고자 한다.

　예) 나는–혼자 있는 것이 좋다.

▶ 감각 : 감각적인 즐거움(예 : 음식, 보기, 소리 등)을 즐긴다.

　예) 내 삶에서 가장 행복했던 때는–외국을 여행하면서 맛있는 음식을 먹었을 때이다.

▶ 성(sex) : 성적인 대상을 추구하고 구애하기, 성적인 관계를 즐긴다.

　예) 성에 대한 관심(성생활)은–인생에서 가장 필요한 것이고 사랑하는 사람과의 성관계는 즐거움

　　을 준다.

▶ 의존성 : 도움과 보호, 동정을 추구한다.

　예) 내 인생에서 가장 중요한 것은–가족의 도움과 관심이다.

▶ 이해 : 지식, 관찰, 질문, 탐색하기를 즐거한다.

　예) 나는–새로운 것을 배우는 것을 좋아하고 호기심이 많다.

2) 내적 상태 변수

▶ 불안 : 미래나 현재 암울한 상황에 대해 지나치게 걱정하고 미리 두려워하는 내

　용으로 표현된다.

　예) 나의 건강은–고혈압이 내 생명을 단축할까 봐 걱정이다.

▶ 갈등 : 불확실한 상태, 당황스러움, 우유부단한 모습이 표현된다.

　예) 직업을 갖는 것은–꼭 필요하지만 앞으로 직장을 구할 수 있을까 염려된다.

▶ 비관주의, 낙담 : 실망, 우울, 고통, 비애가 드러난다.

　예) 나는–이 세상에 태어나지 말았어야 했다.

▶ 공상(창조성, 자폐적 사고, 꿈) : 독창성, 꿈, 자폐적인 사고가 표현된다.

　예) 나의 미래는–내가 하기 나름이고 멋진 디자이너가 되어 있는 모습을 상상하면 힘이 난다.

▶ 낙관주의 : 밝은 마음, 자신감 있고 희망에 찬 모습이 표현된다.

  예) 나의 미래는 - 노력하고 있기 때문에 무척 밝다고 생각한다.

3) 내적 통합 변수

▶ 자아 이상 : 커다란 미래를 꿈꾸고 포부 수준이 높다.

  예) 나는 - 언젠가 카네기 홀에서 연주하는 피아니스트가 되고 싶다.

▶ 자기애 : 타인을 경멸하고 자신을 찬양하며 자기 연민, 자기 현시 욕구를 보인다. 한편으로는 타인의 관심을 요구하고 매우 민감하고 지나치게 수줍어하거나 심하면 피해망상을 보인다.

  예) 나는 - 특별한 사람이기 때문에 다른 사람들의 대우를 받는 것은 당연하다.

▶ 초자아 : 지나치게 양심의 지배를 받는다. 자기 처벌, 죄책감을 자주 보인다.

  예) 나를 가장 힘들게 하는 것은 - 나의 이기심과 허황된 생각으로 가족들의 삶을 망쳐버려서 매일 죄책감을 느끼며 살아간다는 것이다.

표현된 수검자의 욕구, 내적 상태 및 내적 통합 이외에도 수검자가 느끼는 내적, 환경적 압력도 고려해볼 수 있다. 예를 들어 아동, 청소년의 문장완성검사에서 학업에 대한 부모의 압력(예: 우리 엄마는 - 공부 공부 하신다)이 드러나고 수검자인 아동, 청소년의 자아 이상(예: 공부는 - 열심히 해서 과학자가 되고 싶다 등)도 높게 표현되지만 동시에 죄책감(예: 나는 - 공부를 잘 못해서 부모님에게 미안하다), 무력감(예: 나는 - 놀고 싶지만 놀 수 없다)이 드러나고 있다면, 공부하라는 환경적 압력으로 인해 자아 이상은 높게 표현되고 있지만 부모의 기대와 욕구를 충족시키지 못하는 것에 대한 죄책감과 같은 내적 갈등을 느끼고 있다는 것을 알 수 있다.

문장완성검사의 해석시 위에서 기술한 머레이의 욕구 – 환경 압력 이론을 적용한다면 수검자에게 중요한 욕구와 핵심 주제를 확인할 수 있다. 분명한 내용 주제를 분류하여 해석하는 전통적인 방법 외에도 머레이가 개념화한 욕구 – 압력 분석틀에 따라 해석하게 되면 수검자의 욕구 수준과 환경적 압력에 대응하는 태도, 대응 방식 등에 대해서 보다 역동적으로 분석할 수 있다.

　　레빙거의 자아 발달 이론과 머레이의 욕구 이론 뿐만 아니라 매슬로우의 욕구 위계 이론도 문장완성검사 해석에 적용이 가능하다. 매슬로우는 인간의 욕구가 하위 수준인 생리적 욕구에서부터, 안전 욕구, 소속 욕구, 자존감 욕구, 자아실현 욕구 등으로 위계적으로 이루어져 있다고 보았다. 인간의 행동은 각자 지각하고 있는 욕구에 바탕을 둔 동기에 의해 유발되기 때문에 문장완성검사에서 기술된 내용을 통해 수검자의 욕구 위계 수준이 어느 단계에 머물러 있는지 알 수 있다. 이 외에도 정신병리학, 발달심리학(예: 자기 개념 발달, 인지발달, 정서·사회성 발달, 발달 과제 등), 인지치료를 포함하여 여러 가지 심리치료 이론 등도 해석에 활용할 수 있다.

4장
검사의 종류 및 채점 체계

　여러 가지 형태의 문장완성검사가 개발되었지만 주로 많이 사용된 문장완성검사 버전은 성취, 통제 소재, 정서적 문제, 학업 적응, 군대 적응을 평가하기 위해 개발된 것들이다. 문장완성검사의 많은 버전에서는 채점 체계를 제시하고 있다.

　하트^{Hart}가 만든 H-SCT는 40개 항목의 아동용 검사로 가족과 사회, 학교, 삶 속에서의 자아에 대한 내용을 담고 있다. 채점 방식은 적응과 관련하여 부정적인지, 중립적인지, 긍정적인지에 따라 점수를 매긴다. 5점 척도(0~4점)로 부정적인 내용에서부터 긍정적인 내용에 이르기까지 자아, 가족, 학교와 관련되는 문항들이 제시되어 있고 영역별로 점수가 매겨진다.

　로드가 개발한 문장완성검사의 채점 방식은 주로 머레이의 욕구 이론을 바탕으로 수검자가 갖고 있는 태도와 욕구, 압력, 흥미, 주의력 문제, 정서적 문제, 가치, 기분, 특성, 성적인 욕구, 환경적인 문제, 건강 등의 영역을 포괄적으로 다루고 있다.

　굿윈^{Goodwin}의 문장완성검사(GSCT)는 임상적인 우울을 선별하기 위해 주로 사용되었다. 우울증은 매우 이질적인 질병이라 같은 우울증이라도 매우 다른 특징을 갖고 있다. 임상적인 우울증이라고 진단을 내릴 정도는 우울증의 빈도와 강도가 매우 심하고 사회적, 직업적 기능의 문제가 있어야 한다. GSCT는 비교적 짧은 25문항으로 구성되어 있고 '자기' 문항, '세상' 문항, '미래'에 대한 문항들을 합산해서 각각의 점수를 구한 다음 우울 증상의 정도를 최소, 중간, 중등도, 심도로 평가하게 되어 있다.

로터^{Rotter}가 개발한 채점 체계에서는 모든 반응을 긍정 반응과 중립 반응과 갈등 반응으로 구분하고 있다. 긍정적인 반응은 수준에 따라 다시 P1~P3로 나눌 수 있다. 긍정성의 관점에서 볼 때 P1은 긍정성이 낮게 표현된 것이고 P3는 높게 표현된 것이다. 예컨대 P1은 학교, 취미, 따뜻한 감정의 표현, 사람들에 대한 흥미 등으로 표현된다. '나는 – 대학 생활을 시작해서 좋다', '나에게 좋은 친구는 – 내 말을 잘 들어주고 공감해주는 친구', '대부분의 사람들은 – 흥미롭다'가 그 예에 해당된다. P2는 사람들에 대한 좋은 태도, 사회적 적응, 건강, 가족생활, 낙관주의, 유머 등이 표현되는 것이다. '대부분의 사람들은 – 나에게 잘해준다', '우리 가족은 – 화목하다', '일이 잘 안 풀리면 – 좋은 방법을 강구하려고 애쓴다', '나는 – 자신감이 높아서 어디에서든 잘 지낸다', '나의 건강은 – 좋은 상태이다', '어렸을 때 우리 가족은 – 서로 이해해주고 사랑하며 살았다' 등과 같은 것이다. 유쾌한 유머, 현실에 기반한 낙관주의, 따뜻한 수용을 의미하는 반응은 P3 반응이다. '아이를 키운다는 것은 – 무자식 상팔자라고들 하지만 그래도 아이는 부모를 기쁘게 하고 한 가정을 완성해 준다', '나는 – 어려움을 많이 겪었지만 타고난 성실함으로 남들처럼 행복해질 수 있다고 본다', '나를 가장 힘들게 하는 것은 – 이 또한 지나가리라는 생각으로 받아들이고 어려움을 극복하려고 애를 쓴다'가 이에 해당된다.

갈등 반응 역시 C1, C2, C3로 분류할 수 있다. 이 체계에 따르면 같은 갈등 반응이라도 정도에 따라 수준을 정할 수 있다. C1은 갈등 수준이 낮고, C2는 갈등 수준이 중간 정도이며, C3는 갈등 수준이 매우 높은 것을 의미한다. 어떤 갈등적 반응은 부정적인 반응을 유발하는 자극에 의해 나타날 수 있다. 그러나 대부분의 갈등적 반응은 꼬인(twisted) 반응으로 구성되어 있다. '내 인생에서 가장 행복한 순간은 – 항상 나쁘게 끝난다', '가장 행복한 순간은 – 낭비되었다'가 그 예이다.

전형적으로 나타나는 갈등적 반응 범주는 가정 문제, 경제적 문제, 학교 문제, 신체적 문제, 정서적 갈등과 관련이 있다. 다소 약한 갈등, 즉 C1 수준은 특정 문제를 표현하는 것이다. '나의 미래는 – 그다지 밝지 않다', '내가 후회하는 것은 – 그 문제를 잘 몰랐던 것이다', '나를 힘들게 하는 것은 – 비염', '주변 사람들은 – 나에게 관심이 없다', '돈은 – 꼭 필요하지만 나에게는 없다' 등과 같은 반응이 그 예에 해당된다.

부적응적인 의미를 지니고 있는 갈등적 반응은 C2로 조금 더 넓고 일반적인 어려움을 표현한다. 열등감, 정신 신체 호소, 실패에 대한 염려, 일반적인 학교 부적응, 목표 부족, 부적절감, 사회적 어려움 등이 주로 표현된다. '가장 큰 걱정은 – 인생의 목표를 이루지 못하는 것이다', '내가 원하는 것은 – 자신감을 갖는 것이다', '살아오면서 가장 후회하는 것은 – 자신감 부족으로 목표를 이루지 못한 것이다', '내가 두려워하는 것은 – 구직에 실패하는 것이다', '나의 학창 시절은 – 불우했다' 등이 그 예에 해당된다.

심각한 갈등을 표현하는 것은 C3인데, 흔히 자살 사고, 성적 갈등, 심각한 가족 문제, 미쳐가는 것에 대한 두려움, 갈등적인 인물에 대한 강렬한 부정적인 태도, 혼란감, 기괴한 태도 등이 표현된다. '내가 원하는 것은 – 일찍 죽는 것이다', '살아오면서 가장 후회되는 일은 – 매춘을 하였기 때문에 에이즈에 걸려 죽을 수도 있다고 생각하니 모든 것이 다 후회가 된다', '나를 가장 힘들게 하는 것은 – 이러다 미쳐버릴까 봐 두렵다', '대부분의 사람들은 – 남들을 등쳐먹기를 좋아하고 이기적이다', '나를 가장 불안하게 하는 것은 – 이 세상에 내가 살아있다는 것 자체가 힘들고 불안하다' 등과 같은 것이 예에 해당된다.

문장완성검사 반응 내용상 같은 갈등을 표현하고 있더라도 표현된 감정의 강도나 갈등 수준 혹은 정도에 따라 세 가지 수준으로 구분할 수 있다. 예를 들어 아빠와 갈등적인 관계에 있는 수검자가 아빠와 사이가 좋지 않은 것을 표현하면서 '아빠와 나는 – 사이가 좋지 않다'고 적었다면 단순한 갈등을 표현한 것으로 C1 정도라고 한다면, '아빠와 나는 – 성격이 맞지 않아 만나기만 하면 싸운다'는 갈등의 정도가 중간 정도로 C2 정도에 해당될 수 있고, C3 반응은 '아빠와 나는 – 철천지 원수 같은 사이이고 내가 그런 짐승 같은 남자의 자식이라는 것이 원망스럽다'와 같이 갈등의 강도가 높게 표현된 반응이다. 그러나 실제 임상 및 상담 장면에서는 갈등 정도를 이와 같이 구분해서 채점하기보다는 갈등의 정도나 정서 강도에 대해 질적인 수준에서 분석을 한다. 로터^{Rotter}가 만든 RISB는 40개 항목으로 되어 있고, 7점 척도 방식으로 측정하게 되어 있다. 가장 긍정적인 적응을 나타내는 문장에 0점을 매기고 가장 갈등적인 적응을 나타내는 문장에 6점을 매기는 식이다. 이 점수들의 총점을 합하여 전체 적응 점수를 산출할 수 있다. 로터의 방법은 가장 단순하면서도 임상가들이 선호하는 방법 중의 하나이다. 더구나 로터 방식은 전반적인 적응 점수를 산출할 수 있다는 점에서 정신병리를 선별해야 하는 대학교 학생생활연구소, 군대 등을 중심으로 활발하게 사용되었다. 그러나 국내에서는 로터의 방식대로 문장완성검사 반응에 대해 7점 척도로 점수를 매기는 임상가들은 거의 없는 것으로 알려져 있다.

레빙거^{Loevinger}와 동료들이 만든 워싱턴 문장완성검사(WUSCT)는 앞서 기술한 자아 발달 이론에 따라 수검자의 반응을 분류하고 있다. 문장완성검사로 측정할 수 없는 자아 발달 첫 번째 단계를 제외한 나머지 8단계 중 하나에 모든 문항이 배치되고 종합적인 점수가 산출되며, 전반적인 단계가 확인된다. 그러나 이 매뉴얼에 따른 채점은 시간이 많이 걸리고 오류도 많이 나오기 때문에 실제 임상 장면에서는 사용하지 않고 있다. 문장완성검사 각각의 반응이 자아 발달 단계 중에 정확하게 어느 발달 단계에 들어가는지 결정하는 것이 쉽지 않기 때문에 대개 가장 낮은 두 단계인 충동적인 단계와 자기 보호 단계의 특징이 있는지 여부만 확인하는 것으로 활용되고 있다.

WUSCT는 정신병질적 성격 특성을 가진 사람들을 파악하는 데 유용하다고 알려져 있고 정신병질적 성격 특성을 가진 사람들의 경우 자아 발달 수준이 충동적인 단계와 자기 보호 단계에 머물고 있기 때문에 이런 하위 단계 특성을 평가할 수 있다.

다음은 레빙거의 WUSCT를 바탕으로 정신병질적 성격 특성을 가진 사람들이 자주 보이는 자아 발달 단계의 충동적인 단계에 해당되는 검사 반응의 특징들이다.

- 충동의 비사회적인, 호전적인 표현과 적대적이고 성적인 표현이 나온다.
- 사람의 신체 부분이 언급된다.

- 상동증적인 사고가 표현된다.
- 동음 반복 혹은 혼란된 반응이 나타난다.
- 수동적인 의존성(돈이나 물건을 받는 것)이 표현된다.
- 역할이나 책임감을 인식하지만 심리적 부담으로 표현된다.
- 제한된 범위의 정서가 표출되는데, 대개 신체적인 형태로 표현된다.
- 이유를 알 수 없는 불쾌한 기분과 부정적인 반응이 기술된다.

두 번째, 자기 보호적인 단계의 문장 반응은 다음과 같은 특성이 있다.

- 타인으로부터 조종받는 것, 사기를 당하는 것에 대한 두려움이 표현된다.
- 적대감, 처벌적인 태도, 보복에 대한 갈망이 드러난다.
- 적대적, 냉소적인 유머가 표현된다.
- 단순한 쾌/불쾌가 표현된다.
- 옳고 그른 것을 강조하고 나쁜 일이 생긴다면 나쁜 사람 때문이라고 생각한다.
- 신체적 외모에 집착한다.

사이코패스에 속하는 사람들이 자아 발달 단계의 하위 단계인 이 두 가지 단계 수준에서 발달이 멈추며, 이것이 WUSCT에 반영된다.

이외에도 포러Forer 문장완성검사 채점 체계가 개발되어 있는데, 이는 국내에서도 번안되어 있다. 포러(1960, 1993)의 문장완성검사는 다양한 태도와 가치 체계를 측정하기 위해 개발되었고 로드 문장완성검사와 마찬가지로 머레이의 욕구, 압력, 내적 상태 이론에 기초하고 있다. 100문항으로 구성되어 있고 소년, 소녀, 성인 여자, 성인 남자의 4가지 유형으로 되어 있다. 대인관계 이미지, 소망, 정서의 원인, 정서에 대한 반응 등 4개 척도로 구성되어 있다. 이 검사에는 수검자의 다양한 정서, 욕구, 추동을 평가하기 위해 정교한 체크리스트와 평정치가 포함되어있다.

5장
심리측정적 특징

　많은 연구자들이 문장완성검사의 객관적 채점을 위해 노력하였으나 이에 상응하는 신뢰도와 타당도 연구가 별로 없다. 특히 우리나라에서 문장완성검사의 신뢰도와 타당도 연구는 거의 없는 상황이다. 문장완성검사의 신뢰도를 보기 위해서는 동일한 문장완성검사에 대해 두 평정자가 평가를 한 후에 비교를 한 후 분석할 수 있지만 국내에서는 이런 연구가 거의 없다.

　채점을 해서 얻은 점수나 눈으로 보고 직관적으로 해석한 것이 별반 차이가 나지 않는 경우가 많아 연구자들 혹은 임상가들은 문장완성검사에 대해서 채점을 잘 하지 않는다. 그러다 보니 로샤 검사와 같은 투사검사에 비해 문장완성검사는 분명한 실험 자료나 통계치, 종합적 채점 체계, 객관적 해석 방법과 같은 표준화 관련 연구 자료가 부족하다. 문장완성검사 반응에서 나타나는 정신병리 증상이나 심각도를 객관적으로 평가하는 것이 그다지 이득이 되지 않는다는 생각 때문에 임상가들은 신뢰도나 타당도를 검증하는 시도를 하지 않는 것이다. 국내에서는 문장완성검사의 심리측정적 성질에 대해 발표된 연구가 거의 없지만, 그동안 외국에서는 신뢰도와 타당도에 관련된 연구들이 꾸준히 보고되었다.

1) 문장완성검사의 신뢰도

문장완성검사 문항은 검사마다 문항의 차이가 있고 같은 검사라도 문항이 매우 이질적이라서 신뢰도를 구하기가 쉽지 않다. 객관화된 채점 체계가 있어야 신뢰도를 구할 수 있기 때문에 1950년 이전에 개발된 검사들은 신뢰도와 타당도가 보고된 것이 거의 없었다. 1950년대에 들어서야 로터^{Rotter}와 라퍼티^{Rafferty}가 고등학생, 대학생, 성인용으로 구분하여 개발하였고 객관화된 채점 방식 체계를 만들었다. 로터^{Rotter}의 RISB (Rotter Incomplete Sentences Blank)는 대학생 집단의 적응 연구를 통해 문장완성검사를 표준화하려고 만들어졌다. 로터와 동료들은 적응의 개념을 지속적인 불행/불쾌한 정서가 없는 상태, 좌절을 대처할 수 있는 능력, 건설적인 활동을 시작하고 유지하는 능력, 대인 관계를 맺고 유지하는 능력이라고 정의하고 RISB를 통해서 전반적인 적응 능력을 평가할 수 있다고 보았다. 이후 RISB는 광범위하게 연구가 되었다. 로터 등(1992)은 대학생들을 대상으로 한 연구에서 문장완성검사의 반분신뢰도를 .84로 보고하였고 검사자 간 채점 일치율은 대략 .91 정도로 보고하였다.

대체로 채점 체계를 갖춘 문장완성검사는 검사자 간 일치율이 높게 보고되고 있다. 레빙거^{Loevinger}의 채점 체계 역시 훈련을 받은 경험 있는 임상가들 사이의 채점자 간 일치율은 매우 높게 보고되고 있다. 로드나 굿윈이 개발하여 객관적 채점 체계를 갖춘 문장완성검사 버전도 만족스러울 만한 신뢰도를 보고하고 있고, 이런 유형의 문장완성검사는 채점자 간 일치율도 .90 이상으로 높은 것으로 알려져 있다. 이와 같은 연구 결과들은 문장완성검사가 객관적인 측정이 가능하며 신뢰롭게 한 개인의 태도 등을 측정할 수 있다는 것을 보여준다.

2) 타당도

다른 투사검사와 마찬가지로 문장완성검사의 타당도에 관한 연구 결과는 만족할 만한 수준이 아니다. 문장완성검사는 초기부터 측정하고자 하는 목적에 따라 다양한 구성 타당도를 가진 검사 버전이 개발되었다. 예컨대 학업 성취를 측정하는 것을 목표로 개발된 문장완성검사라면 성취와 관련된 내용으로 구성을 하고, 전반적 적응을 목표로 한 것이라면 적응 개념에 맞는 검사 문항으로 구성할 수 있다. 윌슨^{Wilson}과 아노프^{Arnoff}(1973)는 문장완성검사의 구성 타당도를 보기 위해 매슬로우^{Maslow}의 욕구 위계 이론에 기반을 둔 안전 동기와 존중 동기를 측정하였다. 매슬로우의 욕구 위계 이론은 생리적 욕구, 안전의 욕구, 사랑과 소속의 욕구, 존중의 욕구, 자아실현 욕구와 같이 5가지 위계로 구성되어 있다. 매슬로우의 욕구 위계 이론 중 안전 지향을 가진 것으로 드러난 수검자가 존중감 지향을 가진 수검자에 비해 MMPI의 불안이나 의존성에서 더 높은 점수가 나타났고, 지배성에서는 낮게 나타났다.

굿윈^{Goodwin}은 우울 증상을 측정하기 위해 문장완성검사를 개발하여 사용하였다. 우울한 사람들은 잘 울고, 짜증을 부리고, 곰곰이 생각하기(brooding), 강박적 반추, 불안, 공포, 지나친 걱정, 신체적 호소를 보이며 무쾌감, 흥미 부족, 절망감 등을 호소하는 경우가 많다. 약한 형태의 우울 증상을 보이는 사람들도 사회적, 직업적, 다른 중요한 기능 영역에 문제를 보이는 경우가 많다. 굿윈^{Goodwin}이 우울증을 측정하기 위해 참조한 이론은 벡^{Beck}의 인지 이론이다. 인지 이론의 핵심은 부정적이고 왜곡된 생각이 우울 증상을 일으키고 유지한다는 것이다. 절망감, 부정적인 태도와 신념, 자신, 세상, 미래에 대해 부정적이고 왜곡된 방식으로 해석하는 것이 우울 증상과 관련이 있다. 굿윈^{Goodwin}은 자신이 개발한 우울증 선별용 문장완성검사(GSCT)의 공인타당도(concurrent validity)를 높이기 위해 벡 우울질문지(Beck Depression Inventory: BDI)를 사용하여 특정 문항 반응과 상관관계를 살펴보았다. BDI는 4지선다형으로 되어 있는 자기보고식 검사이지만 GSCT는 개방형 질문지이기 때문에 수검자는 조금 더 유연하게 반응을 할 수 있다. 대부분의 투사검사와 마찬가지로 문장완성검사는 이러한 유연성 때문에 더 많은 임상 정보가 나오며, 후에 임상 상태를 보다 객관적으로 평가하는 데에도 도움을 준다. 우울을 특정하게 평가하기 위해 개발된 GSCT에서는 자기, 세상, 미래에 대한 인지적 차원을 추가하여 개인의 경험에 대해 질적인 분석을 하였다. BDI, BAI 등 자기보고식 검사와 달리 GSCT는 증상의 심각성을 볼 수 있게 해 줄 수 있을 뿐만 아니라 임상적 관심을 필요로 하는 기저에 있는 부정적인 인지 도식을 찾아내서 치료할 수 있는 정보를 제공해 준다. GSCT를 활용한 이러한 연구들은 상대적으로 짧은 시간 동안 내담자가 가지고 있는 인지 도식을 파악하여 우울을 선별할 수 있게 해주고, 우울의 강도 및 정도, 부정적인 인지 도식을 파악해 줄 수 있다는 강점을 보여주고 있다.

사이코패시 성향을 가진 사람들의 문장완성검사 반응과 PCL-R(Psychopathy Checklist-Revised)의 관련성을 살펴본 연구 결과도 있다(Endres et al, 2004). 사이코패시 성향을 지닌 사람들의 문장완성검사 반응에서 많이 나타나는 것은 욕구 충족, 기대 회피, 쾌락추구, 비사회적 반응, 신체적 감각, 책임감 부인, 힘과 지배성 추구, 사람들에 대한 적개심, 정의와 도덕성에 대해 냉소주의적인 태도, 부당한 공격성, 적대감의 투사, 미성숙한 도덕적 판단, 보복을 위한 처벌, 냉소적인 유머, 세속적이고 음탕한 표현, 조악한 언어 사용, 단순한 고정 관념의 표현, 동의어 중복, 불쾌한 정서 등이다. 이런 변수들과 PCL-R의 상관관계를 분석한 결과 중등도의 상관이 나타나서 문장완성검사에서 드러난 언어 패턴, 대인 간 행동 패턴성이 사이코패시의 타당한 지표가 된다는 것을 시사해 준다. 문장완성검사와 같은 투사검사는 다소 모호한 언어적 단서가 제공되고 자기 검열이나 자기 평가에 의존하지 않기 때문에 반사회적 특성을 위장하려는 시도를 덜 하게 만들기 때문에 이들 사이코패시의 특성을 잘 포착할 수 있다.

레빙거^{Loevinger}와 동료들이 만든 WUSCT는 구조화된 면접과 높은 상관이 나타나서 공인타당도가 입증되었다. 또한 WUSCT는 콜버그^{Kohlberg}의 도덕적 추론 검사나 웩슬러 지능검사와도 상관이 높게 나타나서 발달, 인지, 행동 변수와 상관이 높은 것으로 드러났다.

투사검사의 타당성을 보기 위한 가장 흔히 사용되는 방법은 이처럼 다른 준거 검사와 일치도를 보는 것이다. 문장완성검사는 다른 평정치와 상관이 높아 준거타당도가 높다고 알려져 있다. 일례로 교사 평정치를 통해 아동들의 또래 관계, 성취, 가족 문제 등과 문장완성검사 측정치를 비교했을 때 상관관계가 .78~.82정도로 나타났다 (Rohde, 1957).

문장완성검사는 환자들의 기능을 예측해 줄 수 있는 심리검사 도구 중 하나이다. 부적응과 정신병리를 예측하기 위해 문장완성검사가 사용되었고, 적대감, 불안, 의존성과 같은 특성을 측정하기 위해 문장완성검사가 사용되었다. 로터[Rotter]의 미완성 문장완성검사에서 나온 적응 점수는 억압민감화 척도와 상관이 매우 높았고 공격적인 집단도 잘 변별해 주었다. 문장완성검사를 가지고 적응 기능인 대처 전략을 살펴본 결과, 문장완성검사가 목표를 인식하고 표현하는 능력, 외적 문제를 탐지하고 대처하는 능력, 문제에 적극적으로 대처할 마음 자세, 자존감을 예측해 주었다. 또한 문장완성검사 반응이 의대생의 성공적인 적응을 예측해주기도 하였다. 이와 같은 결과는 문장완성검사가 TAT나 로샤 검사와 같은 다른 투사검사 이상으로 예측적인 가치, 즉 예언타당도가 있다는 사실을 말해 준다.

문장완성검사의 예측 타당도를 높여주기 위한 노력으로 문장완성검사 반응과 심리치료 결과를 연결시킨 연구들도 있다(Hler, 1959). 회피, 부인, 긍정적인 지향, 부정적인 지향, 지위에 대한 열망, 초자아 지배, 쾌락추구, 친화 욕구, 의존성 욕구, 수동성, 이타성, 객관성, 우울, 피해 감정, 적대감, 신체적 집착, 부적절감, 회복 동기, 반응의 복잡성, 자기를 기꺼이 드러냄, 기괴함, 실없음 등과 같은 변수를 통해 반응을 살펴본 결과, 심리치료 장면에 오래 남아 있는 사람은 문장완성검사 상에서 개인적 감정을 더 많이 드러내고 신뢰할 수 있는 자료를 더 많이 개방하였다. 이들은 개인적 감정과 갈등적인 관계에 대해서도 정교하게 보고하였고 자신의 열등감이나 사회적 부적절감을 솔직히 시인하였다. 또한 문장완성검사에서 성취, 성공, 지위에 대한 욕구를 더 많이 드러냈는데, 이러한 특성은 열등감을 상쇄하려는 노력과 높은 에너지 수준을 반영하는 것으로 해석된다. 이는 자아강도가 높은 경우 심리치료에 더 잘 반응하고 증상이

호전되는 것과 비슷한 결과라고 해석된다. 이처럼 문장완성검사에서 솔직하게 자신을 개방하고 심리적 정교함과 세련됨을 가지고 있는 사람들은 자신이 가지고 있는 문제에 대해 심리적 원인을 잘 파악하고 인정하는 사람들이다.

한편 문장완성검사에서 정서적 욕구에 대한 관심을 표현한 사람들도 심리치료에 더 잘 반응했다. 반면 심리치료를 조기에 종결하는 사람들은 문장완성검사에서 회피적인 태도를 보이고 진부하고 모호한 표현을 하거나 과잉 일반화를 하는 경향이 있었다. 이들은 심리적 정교함이 부족하고 극단적으로 경직된 초자아를 가지고 있어서 충동 만족을 참을 수 없어 하고 자기를 지나치게 통제하고 초자아 지배를 받는 사람들이기도 했다. 이와 같은 결과는 수량화하기는 어렵지만 문장완성검사 반응이 심리치료 장면에서 수검자의 행동과 관련된 측면에 대해 미리 추론할 수 있게 해준다는 점에서 예측타당도를 높여주는 것이라고 볼 수 있다.

Part **II.**

인싸이트
문장완성검사의
개발과 적용

6장. 인싸이트 문장완성검사의 개발 개요

7장. 인싸이트 문장완성검사의 유형과 특징

8장. 인싸이트 문장완성검사의 실시 및 채점

9장. 인싸이트 문장완성검사의 분석 및 해석

10장. 인싸이트 문장완성검사의 사례

Part **II.**

인싸이트 문장완성검사의
개발과 적용

6장
인싸이트 문장완성검사의 개발 개요

　　외국에는 여러 유형의 문장완성검사가 있지만, 국내에는 한국가이던스에서 출시된 문장완성검사와 포러Forer의 문장완성검사를 번역한 것, 2개 정도가 출시되어 있다. 그동안 널리 사용되고 있는 한국판 문장완성검사가 있기는 하지만 본 저자가 새로운 문장완성검사를 개발하게 된 목적은 문장완성검사에 적용 가능한 심리학적 이론을 반영한 새로운 검사 문항 개발이 필요하다는 판단에서였다. 또 외국의 문항을 그대로 번역해서 사용하게 되면 번역체 문항이 우리 문화에 맞지 않아 수검자들의 반응을 끌어내기에 어려운 점이 있어 새롭게 문항을 구성하였다.

1. 개발 과정과 이론적 토대

　　한국형 문장완성검사를 만들기 위해 먼저 관련 외국 문헌을 검토해 보았다. 미국에는 연령, 검사 목적 등에 맞게 여러 가지 버전의 문장완성검사가 개발되어 있었다. 이 중 가장 우리 실정에 맞게 적용할 수 있는 버전은 로터의 문장완성검사와 로드, 굿윈의 문장완성검사였다. 그러나 이들 문장완성검사들은 대부분 대학생, 군인 등을 대상으로 만들어진 것이어서 우리나라 성인에 맞지 않는 문항들이 많았다. 본 저자는 우리나라 아동, 청소년, 성인에 맞게 문항을 재구성해야겠다고 판단하고 문장완성검사 해석에 활용할 수 있는 자아 발달 이론, 욕구−압력 이론, 발달 심리학, 정신병리적 지식을 활용하였다.

아동·청소년 문장완성검사 문항을 구성하면서 가장 염두에 둔 이론적 가정은 자기 개념(self−concept)의 발달이다. 아동은 발달해가면서 점진적으로 자기의 신체적, 행동적, 외적 속성들에서부터 내면의 가치, 특성, 신념과 같은 내적 특성들에 대해 묘사할 줄 알게 된다. 학령기 전에는 구체적이고 물리적인 자기 개념을 보이다가 인지 발달이 어느 정도 이루어지는 초등학교에 들어갈 나이가 되면 내면의 가치를 표현하고 기술할 줄 안다. 특히 초등학교 학령기에는 자기가 갖고 있다고 지각되는 특성들을 평가하기 시작하는데, 이런 자기 평가적 측면이 자존감 발달에 영향을 준다. 자존감이 높은 아동은 자신의 강점과 약점을 인식하고 약점을 보완하고 극복하려고 하면서 자신에 대해 대체적으로 긍정적인 감정을 느끼지만, 자존감이 낮은 아동들은 강점보다 약점을 더 많이 지각하고 부적절감을 더 많이 느낀다(정옥분, 2004).

자기 개념 중에서 가장 중요한 자존감은 학업 유능성, 사회적 수용, 신체적 외모, 운동 유능성, 품행 등의 영역에서 긍정적인 자기 평가와 관련하여 발달한다. 자존감과 관련된 여러 영역 중에서 스스로 중요하다고 생각한 영역에서 자신을 유능하게 평가하는 아동들은 전반적으로 긍정적인 자기 개념, 자기 가치감이 높은 경향이 있다. 좀 더 나이가 들게 되면 아동들은 타인이 자신을 어떻게 평가하는지에 대한 생각이 중요해지고 사회적 거울을 통해 스스로를 되돌아보고 평가하게 된다. 자기(self)는 객관적으로 파악하고 측정하기 어려운 개념이지만 전반적인 자기 개념에 영향을 미치는 자기 평가, 자존감의 기초가 문장완성검사에서 드러날 수 있다.

중·고등학교 시기에 접어들면 선생님이 보는 나, 친구들이 보는 나, 부모들이 보는 나 등으로 자기에 대한 개념이 분화가 된다. 특히 우리나라는 집합주의 문화가 강해서 아동, 청소년들이 자기 개념을 형성할 때 관계적 자기 가치감(relational self−worth)의 영향을 받는다. 또래들로부터 재미가 없다고 배척을 받아도 학업 유능성이 높은 아이는 교사나 부모로부터 긍정적인 피드백을 받아 자존감이 전반적으로 높을 수 있다. 반면 공부는 잘하지 못하지만 운동을 잘하고 춤을 잘 추어 또래들에게서 인기가 많은 아이들 역시 자존감이 높을 수 있다. 아동보다는 청소년기에 들어가면 이와 같은 관계 지향적 차원들과 연관된 전반적 자존감이 중요해진다.

한편 숙달 지향적(mastery orientation)인 아동, 청소년들은 실패상황에서도 좌절하지 않고 실패의 원인을 외부 요인에 두면서 지속적으로 노력해서 특정 과제에 숙달하는 모습을 보인다. 반면 어떤 아이들은 실패를 능력 부족과 같은 내적인 요인에 귀인하면서 성공에 대한 기대를 접고 지속적인 노력을 포기하는 경향이 있다.

자기 개념과 연관된 개념이 정체성이다. 특히 정체성 발달은 중·고등학교 시기에 접어들면 중요하게 부각된다. '나는 누구인가'와 같은 질문을 하게 되면 대부분의 사람들은 '친절하다'거나 '착하다'처럼 자신을 가장 잘 나타낼 만한 특성들, 교사나 간호사와 같은 역할들, 종교나 도덕적, 정치적인 성향에 대해 말한다. 문장완성검사를 통해 한 개인이 자신에 대해 가지고 있는 개념, 자존감, 자기 평가를 측정할 수 있다. 나아가 자신을 어떤 사람으로 규정하고 있는지, 즉 자기 정체성에 대한 평가가 가능하다.

아동·청소년 문장완성검사 문항을 구성할 때 염두에 둔 또 다른 이론은 피아제의 인지 발달 이론이다. 피아제의 인지 발달 이론에 따르면 초등학교 저학년은 구체적 조작기로 자아중심성에서 벗어나 또래들과 자신을 적극적으로 비교하면서 자신과 타인들의 행동의 규칙성에 관심을 보인다. 초등학교 고학년이 되면 형식적 조작기에 들어가게 되고 추상적 개념들에 대해 논리적이고 체계적으로 생각하게 된다. 이에 더하여 자신의 조망과 또래의 조망을 변별하고 서로 모순되는 관점들 간의 관계를 보는 능력인 역할맡기가 중요해진다. 초등학교 이전의 자기중심적이고 사회 정보적 역할맡기에서 벗어나 초등학생이 되면 자기 반성적인 역할맡기와 상호적 역할맡기가 가능해진다. 이때가 되면 자신과 타인의 관점을 동시에 고려하고 타인도 같은 일을 할 수 있다는 것을 인식한다. 더 나아가 청소년 시기가 되면 사람들이 조작하는 사회 체계를 조망할 줄 알게 되고 일반화된 타인의 관점과 다른 사람의 조망을 비교해서 그 사람의 관점, 조망을 이해하려고 시도할 줄 알게 된다.

　자기 개념의 발달, 인지 발달과 더불어 중요한 것은 정서 발달, 사회성 발달이다. 성장하면서 다양한 자의식적 정서가 나타난다. 하지 않아야만 하는 일을 하면 죄책감이나 수치심을 느끼고, 도전 과제를 수행했을 때는 자신에 대해 자랑스러움을 느끼고, 동시에 타인과 비교되는 열등감, 질투심이 발현되기도 한다. 인지가 발달하면서 정서 조절 능력도 발달한다. 정서 조절이란 환경에 적응하고 자신이 원하는 목표를 이루기 위해서 정서 각성 상태, 즉 긴장이나 불안감, 두려움 등과 같은 부정적인 정서를 효과적으로 조절하는 능력이다. 정서 표현은 성장 과정을 통해 수용 가능한 형태로 사회화 된다. 여기서 중요한 것은 사회 인지 능력의 발달이다. 타인에 대한 이해, 곧 사회 인지(social cognition) 능력이 발달하게 되면 사회적 조망 수용 능력(perspective taking ability)이 생기고 자신의 소망, 신념, 의도를 이해함과 동시에 타인의 소망, 신념, 의도 등을 이해할 수 있다. 인지 발달과 더불어 타인의 관점을 조망하고 수용하는 능력이 생긴다면 주변 사람들과 관계를 친밀하게 형성하고 유지하면서 정서를 교류할 줄 아는 정서·사회성 능력이 발달한 것이라고 볼 수 있다. 발달심리학적 관점을 적용해서 아동과 청소년 문장완성검사에서는 자기 개념, 또래를 포함해서 주변 사람들과 상호 호혜적인 관계를 맺을 줄 아는 능력, 정서 인식 및 표현 능력, 사회적 조망 수용 능력과 관련된 특성을 측정하는 것이 중요하다.

　성인 문장완성검사 문항 구성 과정에서는 성인기 발달 과제 성취와 다양한 심리사회적 위기를 반영하려고 했다. 아동용은 대략 초등학교 시기, 청소년용은 중학교, 고등학교 시기를 측정하는 것이라서 수검자의 연령 차이가 6년 정도 나지만, 성인용은 20대에서 70대까지 대략 50년의 연령 차이가 있어서 조금 더 포괄적인 문항 구성이 필요하다고 판단되었다. 성인 문장완성검사의 구성을 위해서는 다음에 기술된 성인기의 발달적 특성을 이해할 필요가 있다.

　성인기는 초기(20세~39세)와 성인 중기(40세~59세), 성인 후기(60세 이후)에 따라 발달 과업이 달라지기 때문에 우선 각 시기의 특성을 이해해야 한다. 성인 초기의 발달

과업으로는 자율성을 성취하고, 직업적 정체성을 찾고, 친밀감을 형성하고, 배우자를 선택하고, 부모가 되어 아동을 양육하는 것 등이 포함된다. 성인 중기의 발달 과제는 중년기의 신체적 변화를 받아들이고 적응하며, 직업 세계에서 만족감과 성취감을 느끼고, 자녀를 책임감 있고 행복한 성인기에 진입할 수 있도록 도와주며, 부부 간에 성역할을 재조정하고, 사회적 연결망과 여가 활동을 즐기며, 인생에서 새로운 의미와 가치를 찾는 것으로 요약할 수 있다. 성인 후기는 노년기에 접어들면서 신체적 한계를 수용하고 받아들이며 변화된 직업적, 가정적 역할에 적응하고, 동지애와 우정을 발견하고, 여가 시간을 보내고, 가족 내에서 새로운 역할을 확립하고 자신의 삶을 수용하고 자아 통합을 이루는 것 등이 중요한 과제이다.

2. 인싸이트 문장완성검사의 특성

위에서 언급한 이론적 기반과 발달적 과업을 염두에 두고 새로이 구성한 문장완성검사는 다음과 같다. 우선 초등생을 위한 **SCT-C 아동 문장완성검사**, 중·고등학생을 위한 **SCT-A 청소년 문장완성검사**, 20대 이상 성인을 위한 **SCT 성인 문장완성검사**로 구분하였다.

청소년 문장완성검사를 아동 및 성인과 구분하여 만든 이유는 아동용 문장을 청소년에게 사용하기에는 일부 발달적으로 맞지 않는 문항이 있고, 성인용을 사용하기에도 일부 문항이 부적합한 면이 있다고 판단하였기 때문이다. 청소년 시기는 아동과 성인의 중간 시기라 청소년 발달에 맞는 문항을 추가로 수집해서 아동, 성인과는 구분되는 특성을 살려 몇 가지 문항을 최종적으로 선정하였다.

성인 문장완성검사에서는 기존의 문장완성검사에 포함되어 있는 주요 내용 외에 위에서 언급한 성인기 발달적 측면을 고려하였다.

7장

인싸이트 문장완성검사의 유형과 특징

SCT 인싸이트 문장완성검사는 아동, 청소년, 성인용 세 가지로 구성되어 있고 세 가지 버전의 문장완성검사 각각의 특징은 다음과 같다.

1. 아동 문장완성검사(SCT-C)

SCT-C 아동 문장완성검사는 주로 초등학교 학생들을 대상으로 심리적 특성을 평가하기 위해 개발되었다.

초등학교 시기는 에릭슨의 발달 단계로 보면 근면성 대 열등감 시기이다. 이 시기는 초등학교에 입학하면서 유치원 시절과는 다른 정규 학업 과정에 적응해 나가고 친구들을 사귀고 학업에 열중해 가는 시기로 아동기의 발달적 특징을 고려한 문장완성검사를 구성하였다. 기존의 아동 문장완성검사와 다른 점은 우선 문항이 30문항으로 줄어들었다. 특히 초등학교 저학년 아동은 30문항 이상의 문항을 작성하는 데 어려움이 있고, 단답식 응답이 많아 심리적 특성과 갈등을 끌어내기에 한계가 있다. 따라서 문항 개수를 줄여 조금 더 간략한 버전이 필요하다고 판단하였다.

아동 문장완성검사에서 중요한 부분은 우선 자기 개념의 발달에 관한 문항이며 자기 개념 발달에서 중요한 개념이 자존감이다. 아동의 자존감을 유지시켜줄 수 있는 특기나 장점을 지각할 수 있는 능력을 평가하기 위해 자기 강점과 약점 등과 같은 문항이 포함되었다. 또한 아동에게 중요한 대인관계 영역을 평가하기 위해 가족 관계, 또래 관계, 교사와의 관계에 관련된 문항이 삽입되었다. 전반적인 적응을 보기 위해 가정생활, 학교생활, 학업과 관련된 문항이 포함되었다. 특히 초기 아동기에는 분리 불안으로 인해 엄마와 떨어져 학교에 가는 것을 힘들어할 수 있어 '아침에 학교에 갈 때'와 같이 분리 불안을 평가할 수 있는 문항을 추가하였다. 또한 부모 관계 외에 가정에서 형제, 자매와의 초기 관계가 아동의 대인관계에 영향을 미칠 수 있으므로 형제, 자매 간의 관계를 묻는 문항을 추가하였다. 정서 및 사회성 발달을 평가하기 위해 두려움, 걱정, 슬픔과 같은 부정적 감정을 느끼는 상황에서 어떻게 대처하는지와 관련된 문항이 추가되었다.

　　다음은 아동 문장완성검사를 구성하고 있는 30개 문항과 각 문항이 측정하고 있는 것이 무엇인지 기술하였다.

[SCT-C 아동 문장완성검사의 구체적인 문항과 측정 내용]

1. 우리 가족은 _____

　　이 문항은 아동이 가족에 대해서 어떻게 지각하고 있는지를 측정한다. 아동이 부모를 비롯하여 형제, 자매에 대해 가지고 있는 여러 가지 생각들이 드러나는 문항이다. 대체로 아동이 지각하고 있는 가족의 전체 분위기가 드러나며 아동과 밀접한 관계에 있는 부모나 형제에 대한 긍정적인 애착이 드러나기 때문에 가족에 대한 아동의 전반적인 생각과 감정을 알아볼 수 있다. 초등 저학년의 경우 단순히 '좋다', '나쁘다'라고 이분법적으로 표현하는 경우도 많지만, 고학년의 경우 구체적으로 가족의 특성(예: 우리 가족은-서로를 사랑하고 화목하다/잘 싸운다 등)을 표현하는 경우가 많아 가족 내의 갈등, 긴장 상태 등을 파악할 수 있다.

2. 내가 가장 행복할 때는 _____

이 문항은 아동이 살아오면서 가장 행복했던 경험을 이해할 수 있다. 초등학교 저학년 아동은 대체로 가족과 여행할 때라든가 엄마, 아빠가 놀아줄 때를 가장 행복할 때라고 표현하는 경우가 많다. 과거에 학대를 경험했거나 현재 어려움을 경험하고 있는 아동은 이 문항에서 힘들었던 상황을 고스란히 표현하는 경우가 많아 아동 학대 의심 정황을 파악해 볼 수 있다(예: 내가 가장 행복할 때는―유치원 이후로 없었다, 우리 아빠는―매를 들 때 너무 무섭다 등).

3. 내가 가장 좋아하는 친구는 _____
왜냐하면 _____

이 문항에서는 친밀한 관계에 있는 또래 관계, 단짝 친구의 존재 등에 대해 알아볼 수 있다. 초등학교 저학년의 아동은 현재 친하게 지내고 있는 친구의 실제 이름을 적는 경우가 많다. 좋아하는 친구에 대해 그 이유를 기술한 것을 살펴보면, 또래 관계에서 아동이 중요하게 생각하는 부분을 알 수 있다. 흔히 '같이 놀아주어서', '어려서부터 친구여서', '재미있어서', '축구를 잘해서', '착해서' 등 구체적인 이유를 적는 경우가 많아 또래 관계에서 아동의 구체적인 욕구가 어떤지를 알 수 있다.

4. 여자애들은 _____

이 문항에서는 여자 아동이라면 동성 또래에 대해서, 남자 아동이라면 이성 또래들에 대한 평상시의 생각이나 태도를 알 수 있다. 아동의 경우 동성 친구에 대한 부분은 긍정적으로 묘사하고 이성 친구에 대해서는 부정적으로 적는 경우가 많다. 또한 전통적으로 바람직한 여성상과 관련된 내용이 드러날 수 있다. 예를 들어, '여자애들은-얌전해야 한다'라고 반응할 경우, 가정 내에서 받아오는 성별에 대한 편견과 가치관에 대한 정보도 드러난다.

5. 나는 _____

이 문항은 주로 자기 개념을 측정하기 위한 것으로 아동의 자기 도식이 긍정적인지 부정적인지 여부가 드러난다. 행동 문제를 가지고 있는 아동의 경우에는 부정적으로 자기를 평가하지만, 자기 유능감이 높은 아동의 경우 긍정적으로 자신을 기술하는 경우가 많다. 지능이 낮고 초등학교 저학년의 경우에는 자기 개념이 명확하지 않아서 대부분 자기 이름을 쓰거나 '나는-착하다'와 같이 단답식으로 답하는 경우가 많다. 인지 발달이 어느 정도 이루어진 초등학교 고학년의 경우 자기가 가진 특성이나 자질에 대해 상세한 기술이 가능해진다(예: 나는-화를 잘 내지 않고 스트레스 상황에서 잘 견디는 능력이 있고 스포츠를 잘한다).

6. 우리 아빠와 엄마는 _____

이 문항에서는 아동이 평상시에 어머니와 아버지에 대해서 가지고 있는 지각이나 태도가 드러난다. 문제가 있어서 상담에 의뢰되거나 정신건강의학과를 내원한 경우에도 심리적 통찰능력이 없는 어린 아동들은 긍정적인 내용을 묘사하기도 하고(예: 우리 아빠와 엄마는-좋다), 가족 문제가 심각한 경우에는 부부 갈등 시에 나타나는 상황에 대한 묘사(예: 우리 아빠와 엄마는-싸울 때 아빠가 엄마를 때린다 등)가 많다. 아동이 부모에 대해서 가지고 있는 전체적인 이미지에 대해서 잘 알 수 있는 문항이다.

7. 내가 제일 잘하는 것은 _____

이 문항에서는 아동이 그동안 쌓아온 여러 특기나 장점이 드러난다. 대부분 '줄넘기/그림 그리기'와 같이 실제적으로 자신이 잘 할 수 있는 부분을 적기도 하지만, '다른 사람에게 미소짓기/친구에게 다가가기'와 같이 정서·사회성 발달과 관련된 내용이 드러날 수 있다. 사회성 발달과 관련된 부분 (내가 제일 잘 하는 것은 - 친구 사귀기, 화를 내지 않는 것)을 통해 아동이 가지고 있는 자존감의 기초가 무엇인지 추론해 볼 수 있다.

8. 나를 가장 화나게 하는 것은 _____

이 문항에서는 아동의 내면에 쌓여 있는 불만과 화 그리고 공격성을 일으키는 여러 가지 심리적 문제를 알 수 있다. 외현화 문제를 가졌든 내현화 문제를 가졌든지 간에 치료 장면에 오는 아동들은 또래 관계에서 어려움을 겪는 경우가 많아 이와 관련된 아동의 심리적 어려움이 잘 드러난다. 또한 가족 문제 등 아동에게 분노를 유발하는 원인을 탐색할 수도 있으므로 임상 및 상담 장면에서 중요한 문항으로 간주된다.

9. 내가 가장 좋아하는 선생님은 _____
왜냐하면 _____

이 문항에서는 주로 학교생활에서 아동에게 좋은 영향을 미치는 교사에 대한 지각이 나타난다. 아동이 평상시에 가지고 있는 교사에 대한 생각과 태도가 드러난다. 학교생활 부적응 아동 중에는 교사와의 갈등 상황으로 어려움을 겪고 있는 경우가 많아, 교사에 대한 강한 분노감이 표출되기도 한다(예: 내가 좋아하는 선생님은 - 하나도 없고 다 나쁜 사람들이다. 왜냐하면 선생님들은 화만 내시니까).

이 문항에서는 여자 아동이라면 이성 또래에 대해서, 남자 아동이라면 동성 또래들에 대한 평상시의 생각이나 태도를 알 수 있다. 4번 문항 '여자애들은'과 마찬가지로 동성 친구에 대한 부분은 긍정적으로 묘사하고 이성 친구에 대해서는 부정적으로 적는 경우가 많다. 남자 아동에게 괴롭힘을 많이 당한 여자 아동이라면 남자아이들에 대해서 가지고 있는 분노감이 표현된다(예: 남자애들은 – 여자애들을 괴롭히는 못된 애들이다 등). 전통적인 남성상과 관련하여 지향하는 내용이나 지양할 부분을 표현할 수 있는데, 예를 들어, '남자애들은 – 씩씩해야 한다'라고 반응할 경우, 가정 내에서 주입된 성별에 대한 편견과 가치관에 대한 정보가 드러난다.

11. 담임 선생님은 _____

이 문항에서는 주로 학교생활에서 담임 교사에 대한 태도와 호감, 비호감이 드러난다. 초등학교 저학년의 경우 '담임 선생님은 – 좋다/나쁘다'식의 이분법적 태도를 주로 나타내고, 고학년의 경우 구체적으로 어떤 부분이 좋은지, 나쁜지와 그 이유(예: 너무 고지식하고 애들의 말을 잘 안 들어주어서 싫다 등)를 기술하기도 한다. 담임 선생님이 아동의 욕구를 잘 조율해 주는지 여부를 알 수 있고 담임 선생님이 제시한 학급 규칙을 아동이 잘 이해하고 따르는지 여부도 알 수 있다.

12. 나를 슬프게 하는 것은 _____

이 문항에서는 아동들이 가정생활, 학교생활 등 일상생활을 통해 받았던 심리적인 스트레스가 핵심적으로 드러난다. 이 문항에서 기술된 내용은 주호소 문제와 밀접한 관련이 있는 경우가 많고 해결해야 할 과제들도 나타날 수 있어 현재의 정서 상태와 원인을 추론할 수 있게 해준다. 아동을 가장 슬프게 하는 상황, 사건 등을 통해 스트레스 사건과 반응을 알 수 있다. 그러나 정서적 문제가 있어서 상담을 받는 아동들도 이 문항에 대해 '없다'라고 표현하며 문제를 인식하지 못하는 경우도 많고 '나를 슬프게 하는 것은 – 엄마가 공부 안 한다고 혼낼 때'라고 구체적인 상황을 기술한다.

13. 가장 걱정되는 것은 _____

이 문항에서는 12번 문항에서 설명한 부분과 동일하게 현재 느끼고 있는 아동의 심리적 문제가 드러난다. 아동이 불안하고 걱정을 느끼는 대상이 무엇인지(예: 가장 걱정되는 것은 – 엄마가 없어지는 것) 추정해볼 수 있다. 불안장애 등 정서적 어려움을 가지고 있는 아동의 경우, 그 원인을 분석하고 개입 방향을 잡는 데 유용한 정보를 제공해 준다.

14. 학교생활은 _____

이 문항에서는 아동이 학교생활에 대해 느끼고 있는 것을 알 수 있다. 현재 학교생활 적응, 부적응 상태를 가늠해볼 수 있고 간혹 엄마와의 분리 불안이 드러나기도 한다(예: 학교생활은 – 좋아요. 하지만 엄마가 보고 싶어요). 그러나 통찰 능력이 떨어지거나 인식 능력이 발달하지 않은 아동의 경우, 문제가 있음에도 불구하고 무조건 긍정적으로 보고하여 학교생활 문제가 드러나지 않는 경우도 자주 볼 수 있다.

15. 내가 제일 못하는 것은 _____

이 문항에서는 아동이 다른 또래들과 비교할 때 열등감을 느끼는 부분이 어떤 영역인지 알 수 있다. 자신의 심리 문제에 대한 통찰이 없는 아동들도 열등감을 느끼는 부분에 대한 내적 갈등을 투사시켜 드러낸다. 예를 들어, '내가 제일 못하는 것은 – 친구랑 대화하는 것이 힘들어요'과 같이 반응한다면 현재 또래관계에서의 심리적 스트레스를 언급하고 도움을 요청하는 것이다.

16. 내가 가장 싫어하는 친구는 _____
16. 내가 가장 싫어하는 친구는 _____
    왜냐하면 _____

이 문항에서는 아동이 싫어하는 친구 이름을 직접적으로 적는 경우가 대부분이다. 싫어하는 친구를 기술한 부분을 통해 또래관계에서 중요하게 생각하는 부분이 무엇인지 파악해볼 수 있고, 또래관계의 질을 평가할 수 있다. 또한 또래로부터 따돌림을 당하고 있는 경우라면 그 대상에 대한 분노 감정이 표현될 수 있다.

17. 우리 아빠는 _____

이 문항에서는 아동이 아버지에 대해 갖고 있는 태도, 아버지에 대한 이미지가 주로 나타난다. 아버지로부터 강압적인 체벌을 받고 있는 아동의 경우 아버지에 대한 두려움이 표현될 수 있다(예: 우리 아빠는 - 회초리를 들 때 엄청 무섭다). 또한 아동이 아버지와의 관계에서 느끼는 만족감을 표현하거나 가족 내 아버지의 권위와 위치(우리 아빠는 - 우리 가족 중에서 힘이 제일 세다, 무섭다)를 파악할 수 있다.

18. 내가 가장 무서워하는 것은 _____

이 문항에서는 불안감이 많은 아동의 경우 불안의 근원과 그 대상에 대한 생각이 드러난다. 어린 아동들은 주로 '귀신이나 괴물'처럼 존재하지 않는 것들을 묘사하는 경우가 많고 때로는 어머니가 갖고 있는 특정 공포증이 아동에게도 쉽게 투사되어 나타나기도 한다(예: 내가 가장 무서워하는 것은 - 엄마처럼 비둘기랑 뱀이다 등). 아동이 생활하면서 느끼는 두려운 대상, 상황, 인물 등을 유추해볼 수 있다.

19. 공부하는 것은 _____

이 문항에서는 아동이 가지고 있는 학업에 대한 심적 스트레스를 파악할 수 있다. 학원에서의 학습 부담 등 학업 스트레스가 많은 아이들의 경우 부정적인 내용들이 주로 나타난다. 아동이 부모나 교사 등 주변 어른들로부터 받는 성취 압력(예: 공부하는 것은 – 싫지만 엄마가 슬퍼하니까 해야 한다), 학업 스트레스 수준을 가늠해볼 수 있다. 또한 영재성과 완벽주의 성향을 지닌 아동의 경우에는 어른들이 공부에 대해 주입한 이상적인 이미지(예: 공부하는 것은 – 인류 발전에 도움이 되는 것이기 때문에 열심히 해야 한다 등)를 표현할 수도 있다.

20. 고치고 싶은 나쁜 습관은 _____

이 문항은 아동이 자신이 가지고 있는 좋지 않은 생활 습관에 대해 객관적 인식 능력이 있는지와 잘못된 습관을 변화시키고 싶은 동기가 있는지 여부를 알아보기 위한 것이다. 단순한 생활 습관(예: 늦잠을 잔다, 물건을 잘 잃어버린다 등) 외에 아동이 가지고 있는 심리 문제도 쉽게 투사되어 나타나므로(예: 화를 잘 내는 것, 엄마를 힘들게 하는 것 등), 내면의 갈등이나 관계 갈등 등을 파악할 수 있다.

21. 내가 만일 _____

이 문항은 아동에게 문장 단서가 많이 주어지지 않아 초등학교 저학년 아동은 어려울 수 있다. 어린 아동은 '내가 만일 – 물고기와 펭귄이었다면 헤엄칠 수 있었을텐데'와 같이 좋아하는 동물에 빗대어 자신이 원하는 바를 드러내기도 한다. 초등학교 고학년인 경우 되고 싶은 이상적인 자기 모습(예: 내가 만일−축구 선수가 된다면, 내가 만일−연예인이 된다면)을 드러낸다. 이 외에도 자신의 문제 행동이 고쳐지거나 나아지기를 바라는 마음이 표현되기도 한다(예: 내가 만일−성격이 차분해진다면 엄마가 좋아할 것이다).

22. 내가 좋아하는 놀이는 _____

이 문항은 단순한 놀이에 대한 질문이지만 아동이 좋아하고 현재 즐기는 놀이 환경을 간접적으로 체크할 수 있고 내적인 심리 자원에 대해서도 분석할 수 있다. 또한, 아동이 기술한 놀이 주제가 연령대에 적절한 놀이 수준인지 알아볼 수 있고 인지 발달, 정서·사회성 발달 여부를 파악해볼 수도 있다.

23. 기분이 나쁠 때 나는 _____

이 문항에서는 아동의 정서 발달에 대해서 좀 더 세밀하게 들여다볼 수 있다. 먼저 발달 연령에 맞는 정서 능력 수준에 도달해 있는지 파악할 수 있고 감정이 상하거나 상처를 받았을 때 아동의 대응 방식(예: 기분이 나쁠 때 나는−말이 없어진다 등), 대처 자원과 전략에 대해서도 살펴볼 수 있다.

24. 우리 언니/오빠/누나/형/동생은 _____

이 문항에서는 아동이 형제, 자매에 대해 갖고 있는 생각, 태도를 알 수 있다. 형제, 자매로부터 괴롭힘을 당하는 경우 이에 대한 아동의 갈등(예: 우리 오빠는−죽었으면 좋겠다. 나를 괴롭히니까)과 경쟁 구도가 표현될 수도 있다. 또한 가정 내에서 아동의 위치와 형제, 자매와의 관계의 질을 분석할 수 있다. 외동인 경우 정보가 별로 드러나지 않지만 동생이나 언니, 오빠를 갖고 싶은 바람이 드러날 수 있다(예: 우리 언니/오빠/누나/형/동생은 없지만 예쁜 동생이 있으면 좋을 것 같다 등).

25. 우리 엄마는 _____

이 문항에서는 애착 대상인 어머니와의 관계에서 느끼는 심리적 안정감과 친밀감이 표현된다. 가정 내에서 경험하는 어머니와의 관계에 대해서 자세히 들여다볼 수 있고, 평상시에 쌓여 있는 불만족감이나 분노감들도 쉽게 투사되어 나타나, 어머니와의 애착 문제 분석에 필요한 정보를 제공해 준다. 초등학교 저학년 아동의 경우 대부분 '좋다', '예쁘다'와 같이 단순하게 표현하지만, 초등학교 고학년인 경우 어머니와의 관계에서 느끼는 갈등이 조금 더 자세하게 드러난다(예: 우리 엄마는 – 계모 같다. 자기는 화를 내면서 나보고 내지 말라고 한다 등).

26. 아침에 학교에 갈 때 _____

이 문항에서는 학교에 갈 때 어떤 생각이 드는지 아동의 생각을 알 수 있고, 초등학교 저학년 아동의 경우 분리 불안과 같은 주제(예: 아침에 학교에 갈 때 – 기분이 안 좋아요. 엄마가 보고 싶어요 등)가 드러날 수 있다. 학교 등교에 대한 아동의 기본적인 생각을 알 수 있지만, 신체적인 무기력감이 자주 드러나기도 한다. 즉, '아침에 학교에 갈 때 – 몸이 무거워서 피곤하다/지치고 피곤하다'와 같이 아동이 갖고 있는 심리적 갈등, 우울감 등이 신체적인 문제로 표현될 수 있다.

27. 내가 이루고 싶은 소원은 _____

이 문항에서는 아동이 소원하는 것을 통해 생활하면서 공상에 어느 정도 의존하는지 알 수 있다. 초등학교 저학년은 다소 이상적인 이미지와 공상들을 표현하지만, 고학년의 경우에는 구체적인 소원을 언급하기도 한다. 그러나 정서 문제가 심각한 아동의 경우에는 이 두 가지 경우와 달리, '내가 이루고 싶은 소원은 – 내가 없어지는 것'과 같이 자기 파괴적인 충동, 자살을 암시하는 반응이 나타나기도 한다.

---

28 . 내가 가장 좋아하는 사람은 _____
       왜냐하면 _____

이 문항에서는 아동이 좋아하는 대상에 대한 지각이 드러난다. 그 사람을 좋아하는 이유를 통해서 대인관계에서 중요하게 생각하는 부분과 아동에게 의미 있는 사람의 특징을 알아볼 수 있다. 아동이 생각하는 이상적인 대상 이미지가 드러나게 되어 좋은 대상 이미지를 잘 내재화하고 있는지 여부 등을 알 수 있다. 초등학교 저학년의 경우 단순히 그 사람이 '착해서', '잘 놀아줘서'와 같이 표현한다면, 고학년 아동의 경우에는 '다른 사람을 잘 웃게 만들고 화를 잘 내지 않고 내 말을 잘 들어줘서' 등 대상의 특성을 조금 더 정교하게 인식하고 표현할 수 있으며, 자기 욕구뿐만 아니라 타인의 관점에서 조망할 수 있는 능력의 발달 여부를 알 수 있다.

---

29. 가장 갖고 싶은 것은 _____

이 문항에서는 자신에게 중요한 물건이나 심리적인 가치에 대한 부분을 알 수 있다. 갖고 싶은 물건, 대상이 무엇인지를 알아봄으로써 평상시 아동의 욕구 충족 여부를 확인할 수 있다. 초등학교 저학년은 주로 좋아하는 장난감을 기술하지만, 고학년의 경우 심리적으로 갖추고 싶은 내면의 요소(예: 끈기, 인내심, 착한 마음씨 등)들을 표현할 수 있어서 심리적인 성숙도를 가늠해볼 수 있다.

30 . 이다음에 크면 _____ 되고 싶다.
    왜냐하면 _____

이 문항에서는 아동이 이루고 싶은 장래 희망이나 일을 알아봄으로써 아동의 성취 욕구와 목표 지각에 대해서 알아볼 수 있다. 대부분 긍정적인 내용과 자신이 잘하는 분야에서의 인물과 직업을 묘사하고(예: 이다음에 크면 – 화가가 되고 싶다. 왜냐하면 그림을 잘 그려서 아이들을 놀라게 해주고 싶다), 어린 아동의 경우, '이다음에 크면 – 아빠가 되고 싶다. 왜냐하면 우리 아빠는 착하기 때문이다'고 보고하는 등, 아동에게 가장 가까운 대상인 부모님이 자주 언급된다.

2. 청소년 문장완성검사(SCT-A)

SCT-A 청소년 문장완성검사는 아동용과 마찬가지로 자기 개념, 가족에 대한 지각, 친구 등 대인 지각과 학업 부분을 강조하였다. 청소년기에는 에릭슨의 발달 단계에서 설명하고 있는 것처럼 주요 발달 과제는 정체성이다. 정체성을 형성하는 것은 많은 중요한 선택들을 할 때 도움을 준다. 남자 혹은 여자로서 나는 누구이며 어떤 사람인가? 나에게 맞는 곳은 어디인가, 어떤 사람이 될 것인가?와 같은 정체성에 대해 고민하는 시기이다.

최근 들어 IT(정보기술)의 발달로 청소년들은 페이스북과 같은 온라인 세상에서 대안적 정체성을 만들어가고 있는데, 긍정적인 측면도 있지만 부정적인 현상도 많이 나타나고 있어 청소년이 실제 혹은 가상의 세계에서 경험하는 정체성을 탐색하는 것이 중요할 수 있다. 또한 청소년 시기는 또래와의 관계를 통해 정체성이 발달하는 시기이므로 '친구들이 잘 모르는 나의 단점은, 친구들은, 친구들은 나에 대해, 부모님은 나에 대해'와 같은 문항들을 통해 가상의 청중을 의식하는 청소년들의 발달적 특징을 탐색하고자 하였다. 또한 청소년기에는 신체와 외모에 집중하는 경향이 있어 외모에 대한 문항을 통해 청소년기 신체상, 자존감의 기초를 탐색하고자 하였다. 한편 '내가 가장 본받고 싶은 사람과 이유'를 적는 문항에서는 청소년이 느끼는 바람직한 역할 모델과 동일시를 통해 자신의 정체성을 형성해 나가는 특성을 반영하였다.

청소년 문장완성검사를 구성하고 있는 40개 문항과 각 문항이 측정하고 있는 것이 무엇인지 다음에서 기술하였다.

[SCT-A 청소년 문장완성검사의 구체적인 문항과 측정 내용]

1. 어렸을 때 우리 집은 _____

이 문항에서는 가정환경을 추론해볼 수 있는데, 주로 청소년이 갖고 있는 자신의 집에 대한 이미지가 투사되어 드러난다(예: 어렸을 때 우리 집은 – 전쟁터였다). 집안 내에서 발생하는 부부 갈등, 부모 자녀 관계의 갈등 수준을 드러내는 경우가 많아, 심리적 문제의 원인을 진단하는 데 필요한 중요한 정보를 얻을 수 있다.

2. 친구들은 _____

이 문항에서는 청소년 시기에서 가장 중요한 또래관계의 질을 알 수 있다. 청소년들의 경우, 대부분의 문제가 또래관계에서 발생하기 때문에 이 문항은 주호소 문제와 밀접한 관련이 있다. 따돌림을 당하는 청소년의 경우 주로, '친구들은 – 나를 미워한다/ 어려운 존재다'와 같이 부정적인 내용을 표현한다.

이 문항에서는 청소년이 가지고 있는 자기 개념에 대해서 알아볼 수 있다. 자기 개념이 부정적인지 긍정적인지 기술한 내용을 토대로 청소년이 가지고 있는 열등감의 정도와 내용을 알아볼 수 있다(예: '나는 – 뭐 하나 잘하는 게 없다'). 우울감을 느끼는 청소년의 경우 인지 삼제(자기, 세상, 미래에 대한 도식) 중에서 자기에 대한 부정적인 도식(나는 – 살아서 희망이 있을까?)이 잘 드러날 수 있다.

4. 여자애들은 _____

이 문항은 여자 청소년의 경우, 동성 친구들에 대한 생각과 태도가 드러나며 자신의 성 정체성에 대한 태도도 엿볼 수 있다. 남자 청소년의 경우, 이성에 대해 평소에 가지고 있는 생각과 지각들이 투사되며, 더 나아가 남성 혹은 여성에 대한 심리적 편견(예: 여자애들은 – 화장만 하고 사치만 부린다)도 드러난다. 이성에 대한 호기심이 많아지는 청소년기 후기에는 남자 청소년이라면 실제로 경험한 이성 관계 갈등이 드러날수 있다(예: 여자애들은 – 나쁘다. 싸움을 건다/믿을 수 없는 존재들이다. 변덕스럽다).

5. 우리 엄마는 _____

이 문항에서는 청소년들에게 중요한 어머니와의 관계갈등이 드러난다. 청소년이 가진 심리 문제의 근원이 가정인 경우가 많고 그 핵심에 엄마와의 갈등이 있는 경우가많아 이 문항의 반응을 통해 모 – 자 관계의 질, 즉 애착 문제를 알 수 있다(예: 우리엄마는 – 제발 없어졌으면 좋겠다).

이 문항에서는 현재 청소년 자신이 가지고 싶어 하는 물건을 통해 주요 욕구와 가치가 드러날 수 있다. 남자 청소년들은 '최신형 게임기', 여자 청소년은 '화장품이나 예쁜 옷'으로 기술하는 경우가 많다. '내가 가장 갖고 싶은 것은 – 용돈'이라고 적는 등 돈에 대한 관심이 생기면서 물건보다는 돈에 대해서 직접 언급하는 경우도 있다. 형식적 조작 사고가 활발해지는 청소년 후기에 접어든 경우 '지혜, 용기, 인내'와 같은 추상적 표현과 '좋은 대학을 나와서 안정된 직업을 갖는 것' 등과 같은 현실적인 고민을 표현할 수 있다.

이 문항에서는 청소년들이 평상시에 갖고 있는 교사에 대한 태도와 생각들이 드러나고, 학교생활에 대한 전반적인 적응 여부를 알 수 있다. 주로 담임 교사에 대한 평상시 생각이나 갈등이 투사되며, 과거에 좋은 영향을 받았던 선생님들에 대한 태도가 묘사되기도 한다. 학교생활에서 부적응이 많은 청소년의 경우, '선생님들은 – 모두 없어져야 한다'와 같이 부정적 내용을 드러내기도 한다. 교사와의 갈등 상황이나 좋아하는 선생님을 기술한 반응을 통해 청소년기 동일시 혹은 역동일시(counter-identification) 대상이기도 한 교사와의 관계의 질을 파악할 수 있다.

이 문항에서는 가정 내에서 청소년의 존재와 현재 가정의 분위기를 파악할 수 있다. 청소년이 가정에서 편안하게 느끼고 있는지 그렇지 않은지를 평가할 수 있다. 학원 수업 등 늦은 귀가로 인해 집에 있는 시간이 많지 않아 단순하게 사실을 기술하는 청소년들도 많다(예: 집에 있을 때 나는 – 집에 있는 시간이 짧아 잘 모르겠다 등). 그러나 가정 내에서 부모–자녀 관계의 갈등이 잘 드러나며, 가족과의 관계 갈등(예: 집에 있을 때 나는–가족들이 서로 대화가 없어서 우울하다)에 대해 유용한 정보를 얻을 수 있다.

9. 나를 가장 즐겁게 하는 것은 _____

이 문항에서는 청소년의 관심사와 흥미를 느끼는 즐거운 활동 등을 파악해볼 수 있다. 또한 현재 청소년이 어디에 몰두하고 있는지 알 수 있다. 청소년들은 흔히 '나를 가장 즐겁게 하는 것은 – 친구들'이라고 언급하는 경우가 많다. 이 경우 대체로 또래들과 즐겁게 생활하고 있다는 것을 보여주고 있지만 한편으로는 친구들에게 너무 과잉 몰두해 있는 것은 아닌지 여부도 추론해볼 수 있다. '나를 가장 즐겁게 하는 것은 – 뭘까? 하나도 없는 것 같다'라고 기술하고 있다면 또래들과 학교생활, 가정생활, 놀이생활 전반에 걸쳐 불만족과 무미건조한 상태임을 예측해볼 수 있다.

10. 친구들이 잘 모르는 나의 단점은 _____

이 문항에서는 청소년이 가지고 있는 단점과 열등감이 잘 드러나며 실제 겉으로 드러나는 모습 이면에 있는 심리적 문제를 살펴볼 수 있다. 청소년이 일상생활에서 어떤 부분을 억압하고 있는지, 또는 친구들에게까지 보이고 싶지 않은 어두운 면은 어떤 것인지 잘 드러나는 문항이다. 자신의 기질이나 성향에 대해 거리낌 없이 부정적으로 기술할 수도 있는데(예: 친구들이 잘 모르는 나의 단점은 – 사이코 기질이다 등), 이는 진정한 통찰력에서 비롯된 반응이기보다는 허세 부리듯이 자기 단점을 거침없이 노출하는 것일 수 있다.

11. 우리 가족은 _____

1번 '어렸을 때 우리 집은' 문항과 마찬가지로, 이 문항에서는 오랫동안 부모 및 가족 전반에 대해서 가지고 있는 이미지가 투사되어 나타난다. 아동의 경우 '좋다/나쁘다'와 같이 단순하게 보고하는 경우가 많지만, 청소년들은 구체적인 자기 감정을 투사하여 가족을 평가하기도(예: 우리 가족은 – 서로 할퀴는 존재들이다 등) 한다.

12. 내가 가장 잘하는 것은 _____

이 문항에서는 청소년들이 가지고 있는 자신감의 원천이 되는 구체적인 활동들이 언급된다. 청소년이 자신의 능력을 어떻게 평가하고 있는지 알 수 있다. 현재 관심을 가지고 있는 지적 활동이나 신체적 활동(예: 내가 가장 잘하는 것은–축구이다)이 주로 표현된다.

13. 내가 사랑받는다고 느낄 때는 _____

이 문항에서는 청소년이 현재 인정받고 있는 영역에 대한 내용이 드러나는데, 주로 학습과 연관되어 있는 경우가 많다. 학습이 중요한 청소년 시기인 만큼 '내가 사랑받는다고 느낄 때는 – 시험 성적이 좋아서 칭찬받았을 때/백 점 받아서 칭찬받을 때'와 같은 문항이 자주 나타난다. 구체적인 학업적 성취 외에도 스스로를 사랑받을 만한 존재로 지각하는지 여부를 알 수 있다(예: 내가 사랑받는다고 느낄 때는 – 없는 것 같다).

14. 우리 아빠는 _____

이 문항에서는 현재 아버지에 대해서 느끼고 있는 생각과 태도들이 잘 드러난다. 아버지에 대해서 갖고 있는 심리적 갈등이 표현되며(예: 우리 아빠는 - 폭력적이다, 사이코다/우리 아빠는 - 무섭고 참 이해할 수 없다), '우리 아빠는 - 잘 모르겠다'처럼 아버지와 공유하는 시간이 부족하고 소통이 잘 안되는 경우에는 제한적인 반응만 나올 수 있다.

15. 나의 학교생활은 _____

이 문항에서는 현재 학교에서의 전반적인 태도와 부적응적인 부분들이 투사되어 드러난다. 아동과 마찬가지로 청소년의 경우 또래관계 문제가 심리적 갈등을 유발하는 경우가 많기 때문에, 청소년 스스로가 지각하고 있는 또래 갈등, 선생님과의 갈등, 학업 문제 등 학교생활 전반에 대한 정보(예: 나의 학교생활은 - 즐겁지만 우울하다/나의 학교생활은 -그냥 학교가 싫을 정도로 힘들고 우울하다)를 파악할 수 있다.

16. 내가 가장 두려워하는 것은 _____

이 문항에서는 청소년의 심리 상태에 큰 영향을 미치고 공포와 두려움을 유발하는 대상과 상황들이 투사되어 드러난다. 학습이나 진로와 관련된 여러 문제들이 나타나고, 현재 가지고 있는 주호소 문제의 원인 파악에도 도움이 된다(예: 내가 가장 두려워하는 것은 - 엄마, 아빠의 싸움과 이혼/대학 입학, 나의 미래 등).

17. 어른들은 _____

이 문항은 권위적인 어른들에 대한 청소년의 생각을 알아보기 위한 것이다. 일반 어른 보다는 부모와 교사처럼 일상에서 실제 경험하는 권위적 대상에 대한 지각이 나타난다(예: 어른들은 - 싸우면 나만 혼낸다). 반항적인 청소년들은 권위적이고 억압적인 부모상이나 교사상에 대한 불만이나 적개심을 드러내는 경우가 많다(예: 어른들은 - 자기

들 잘못은 잘 모르면서 아이들만 야단친다. 무책임하다/어른들은 – 호락호락하지 않고 이중인
격이다 등).

18. 내 외모는 _____

　이 문항에서는 청소년에게 중요한 신체 이미지가 잘 드러난다. 외모에 대한 평가가
점차로 중요하게 인식되는 청소년 시기에는 외모에 대한 긍정적, 부정적 지각이 자존
감에 중요한 영향을 미친다. 실제로 자신의 외모 열등감을 표현하는 경우가 많아서
(예: 내 외모는 – 평균보다 떨어진다. 햄스터라고 놀림을 받는다 등) 청소년이 자신의 외모에
대해 갖고 있는 신체 자존감(body esteem)을 평가할 수 있다.

19. 나를 슬프게 하는 것은 _____

　이 문항에서는 정서적인 우울감과 슬픔의 원인이 되는 사건(예: 나를 슬프게 하는 것
은 – 무서운 세상이다), 상황, 대상에 대한 정보가 드러난다(나를 슬프게 하는 것은 – 헤어
진 여자 친구이다). 주호소 문제와 밀접한 관련이 있는 내용이므로, 청소년의 심리 상태
에 대한 진단 및 치료 계획에 필요한 정보(예: 나를 슬프게 하는 것은 – 이별이다)가 드러
난다.

20. 공부하는 것은 _____

　이 문항에서는 학업 동기 수준이 어떠한지, 학습에 대한 심리적 중압감은 어느 정
도인지 파악할 수 있다. 대부분의 청소년들이 학습에 대한 심리적 부담감을 겪고 있
으므로, 공부에 대한 당위적인 생각(예: 공부는 – 힘들지만 무조건 열심히 해야 한다)과
부정적인 내용들이 주로 표현된다(예: 공부하는 것은 – 세상에서 제일 싫다 등).

21. 요즘 제일 걱정이 되는 것은 _____

이 문항에서는 현재 청소년이 경험하고 있는 일상, 학교생활에서 고민하고 있는 핵심 감정과 주제들이 투사되어 드러난다. 몇몇 방어적인 경우를 제외하고는 자신의 생각을 되도록 솔직하게 표현하는 문항일 수 있고, 반응을 통해 자기 개방 및 치료 동기 수준에 대해서도 파악할 수 있다(예: 요즘 제일 걱정이 되는 것은 – 내가 짜증을 너무 많이 내서 엄마를 힘들게 하는 것이다).

22 . 내가 가장 싫어하는 사람은 _____
　　　왜냐하면 _____

이 문항에서는 현재 또래 관계나 부모, 교사와의 관계에서 큰 스트레스를 유발하는 대상이 누구인지에 대한 정보를 파악할 수 있다. 아동의 경우에는 특정 인물의 이름을 적는 경우가 많지만, 청소년의 경우에는 특정 인물의 이름보다는 그 사람의 행동 특성을 포착하여 적는 경향이 있다. 이성과 헤어진 청소년의 경우 이성에 대한 양가 감정이 드러나기도 한다(예: 내가 가장 싫어하는 사람은 – 전 여자 친구이다. 왜냐하면 걔가 나를 이렇게 미치게 만들었기 때문이다. 하지만 난 걔가 아직 좋다 등).

23. 짜증이 날 때 나는 _____

이 문항에서는 청소년들이 심리적 스트레스를 받았을 때 어떤 반응을 하는지, 필요한 대처 자원이 무엇인지 평가해볼 수 있다. 주로 친구들과의 활동을 통해 해소한다는 기술이 많지만, 감정 조절이 어려운 청소년은 조절되지 않은 감정을 여과 없이 표현하기도 한다(예: 짜증이 날 때 나는 – 돌아버린다). 간혹 '짜증이 날 때 나는 – 자버린다'와 같이 심리적 무기력감이 표현되기도 한다.

24. 우리 언니/오빠/누나/형/동생은 _____

이 문항에서는 가족 내 형제, 자매 관계를 통해 나타나는 심리적 갈등 상황이 투사된다. 남매보다는 동성 '자매, 형제'인 경우 경쟁 심리나 갈등이 더 쉽게 투사된다. 형제, 자매를 포함한 일차적 가족 환경에서 받는 열등감이나 비난이 청소년의 자존감에 치명적인 영향을 주므로, 이 문항에서 가족 내 갈등의 근본적인 원인(예: 우리 언니는 – 공부를 잘한다고 엄마, 아빠가 칭찬해 주니까 나를 엄청 무시한다)을 알아볼 수 있다.

25. 엄마와 나는 _____

이 문항에서는 애착 관계 형성에 가장 중요한 모–자 관계에 대한 전반적인 태도와 생각이 드러난다. 어머니와의 관계에서 긍정적 상호작용이 더 많은지 부정적이고 갈등적인 상호작용이 더 많은지 알 수 있고, 갈등이 있다면 그 정도가 어느 정도(예: 엄마와 나는 – 정말 잘 안 맞는 조합이다)인지 가늠할 수 있다.

26. 아빠와 나는 _____

이 문항에서는 아버지에 대해서 청소년이 가지고 있는 여러 생각들이 드러난다. 단답식으로 '아빠와 나는 – 사이가 좋다'라고 간단히 표현하는 청소년도 많지만 사춘기 현상을 겪고 있는 경우 아버지와의 정서적 소통에 어려움이 많다보니, '아빠와 나는 – 원수지간이다. 모르는 사이이고 싶다'라는 부정적인 내용을 기술하기도 한다. 아버지에 대한 정서적 친밀감과 갈등 정도를 알아볼 수 있는 문항이다.

27. 남자애들은 _____

　　이 문항에서는 남자 청소년이라면 동성또래관계에 대한 부분이, 여자 청소년이라면 이성또래관계에 대한 생각과 태도가 드러난다. 보통 동성에 대해서는 좋게 지각하지만 이성에 대해서는 잘 알지 못하거나 무관심한 경우가 많아서 통상적인 반응(예: 남자애들은 – 그냥 남자들이다)이 많다. 그러나 이성에 대한 호기심이 많아지는 청소년기 후기에는 여자 청소년이라면 실제로 경험한 이성관계 갈등(예: 남자애들은 – 자기 멋대로 하려고 한다)이 드러날 수 있다.

28 . 내가 가장 본받고 싶은 사람은 _____
　　　왜냐하면 _____

　　이 문항에서는 평상시 존경하는 인물이나 우상에 대한 생각이 드러나며 청소년이 평소 중요하게 생각하고 있는 가치와 신념을 알 수 있고, 이를 통해 앞으로 진로탐색에 도움을 줄 수 있다. 특히 청소년시기에 동일시할 수 있는 대상에 대한 생각과 태도(예: 내가 가장 본받고 싶은 사람은 – 간디. 왜냐하면 지혜로워지고 싶다)가 잘 드러난다. 심적으로 어려운 상태에 있는 청소년들은 대부분 '없다'라고 기술하거나 냉소적으로 표현하기도 한다(예: 내가 본받고 싶은 사람은 – 하나도 없다. 왜냐하면 내 주위엔 제대로 된 사람이 하나도 없다).

29. 내가 돈을 번다면 _____

　　이 문항에서는 청소년이 갖고 있는 돈에 대한 개념, 욕구가 드러난다. 기본적으로 현재 자신의 용돈 수준과 가정의 경제 상황이 투영되어 나타나기 때문에 청소년이 처한 곤궁한 상황에 대해서 알아볼 수 있다(예: 내가 돈을 번다면 – 늘 돈 없다고 힘들어하는 엄마에게 용돈을 주고 싶다/자유롭게 살 것이다).

30. 내가 제일 행복할 때는 _____

이 문항은 심리적인 문제를 겪고 있는 청소년의 경우, 가장 행복한 순간을 알아봄으로써 평소 힘이 되는 존재나 효과적인 대처 자원들을 알아볼 수 있다. 대부분 '맛있는 것을 먹을 때', '친구들과 놀 때', '가족들과 여행 갔을 때'와 같이 긍정적으로 기술하나, 가족 내 갈등과 또래 갈등이 많은 청소년의 경우 '내가 제일 행복할 때는 – 태어나는 순간 외에는 없다', '콩가루 집안이라 중학교 이후로는 행복이라는 단어를 떠올릴 수 없었다'와 같이 부정적인 표현을 한다.

31 . 이다음에 크면 _____ 을(를) 하고 싶다.
왜냐하면 _____

이 문항에서는 청소년이 가지고 있는 장래의 희망과 목표 의식, 성취 욕구를 평가해 볼 수 있다. 요즘 청소년들은 돈을 많이 벌고 싶다는 욕구를 표현하는 경우가 많다(예: 이다음에 크면 – 돈을 많이 버는 일을 하고 싶다. 왜냐하면 그것이 행복하니까). 지적 능력이 뛰어나고 학업 성취력이 높은 청소년일지라도 이 문항에서 구체적인 장래 희망보다는 환경적 압박감을 시사하는 반응을 할 수 있다(예: 이다음에 크면 – 하고 싶은 일을 하고 싶다. 왜냐하면 억지로 하지 않아도 되니까). 반면 지적 능력과 학업 성취도는 떨어지지만 자신을 과대평가하며 비현실적인 목표를 적는 경우도 있다(예: 이다음에 크면 – 대통령을 하고 싶다. 왜냐하면 모든 사람을 행복하게 해줄 수 있으니까).

32. 나 자신이 가장 자랑스러운 때는 _____

이 문항에서는 청소년의 자기 유능감이 잘 드러난다. 청소년들은 자신이 다른 또래들에 비해 잘하는 활동에서 자부심을 경험하고, 이러한 것들이 반복되고 긍정적으로 강화되면서 꿈으로 실현하고자 하는 동기가 생기므로, 향후 심리 치료 계획 수립 시 심리적 강점을 파악하는 데 많은 도움이 된다.

33. 친구들은 나에 대해 _____

이 문항에서는 청소년이 자신을 객관적으로 평가할 수 있는지 여부를 평가할 수 있다. 청소년들의 경우 또래 관계에 의해 자기 평가가 좌우되기도 하기 때문에 친구들이 자신에 대해 어떻게 생각하는지 객관적으로 인식할 수 있는 능력이 있는지 파악해볼 필요가 있다. 대체로 또래 문제가 없는 청소년은 단순하게 '친구들은 나에 대해 – 좋게 생각할 것이다'라는 표현을 많이 하고, 또래 갈등이 심한 청소년들은 '친구들은 나에 대해 – 오해를 많이 한다/잘 모르고 함부로 말한다'와 같이 억울한 심정을 표현한다.

34. 부모님은 나에 대해 _____

이 문항은 33번 문항과 마찬가지로 청소년이 자신을 객관적으로 평가할 수 있는지 여부를 측정한다. 부모 – 자녀 간의 갈등으로 치료를 받으러 오는 청소년들은 자신에 대해서 오해하고 있는 부모를 언급하는 경우가 자주 있다. '부모님은 나에 대해 – 정반대로 알고 있다/절대로 알 수 없다'와 같이, 가족 내 정서적 소통의 정도에 대해서도 파악할 수 있다. 또한 학업 부진을 보이는 청소년의 경우 부모님의 성취 압력에 대해 표현하는 경우가 많다(예: 부모님은 나에 대해 – 눈만 마주치면 공부하라고 한다).

35. 내가 만일 _____

이 문항에서는 청소년이 바라거나 기대하는 것을 직접적으로 표현하기 때문에 목표나 꿈에 대한 지각, 태도(예: 내가 만일 – 모델이 된다면, 멋진 모델이 되고 싶다)를 알 수 있다. 그러나 학습된 무력감을 갖고 있거나 동기 수준이 낮고 구체적인 꿈이 없는 청소년들은 어려워하는 문항이다. 우울한 청소년들은 자기 존재를 부정하는 내용(예: 내가 만일 – 이 세상에 태어나지 않았다면), 가출 혹은 자살을 암시하는 내용(예: 내가 만일 – 사라지고 없다면 엄마는 힘들어하겠지?)을 기술하기도 한다.

36. 나의 미래는 _____

이 문항에서는 청소년이 자신의 미래에 대해 어떤 생각을 가지고 있는지, 그 생각이 긍정적인지 부정적인지 알 수 있다. 강압적인 부모로 인해 어려움을 겪고 있는 청소년의 경우 주체적으로 살고 싶은 욕구가 드러나기도 한다(예: 나의 미래는 – 내가 결정하고 싶다 등). 우울한 청소년의 경우에는 현재 상황에 대한 비관적 생각과 함께 미래에 대해서도 모두 부정적으로 평가하는 경우가 많으므로(예: 나의 미래는 – 깜깜하다), 우울의 양상과 심각도에 대해서도 파악할 수 있다.

37. 내가 가장 화가 날 때는 _____

이 문항에서는 분노감이나 화가 드러나는 상황(예: 내가 가장 화가 날때는 – 동생이나 친구들이 시비 걸 때)이 잘 드러난다. 주요 갈등 상황과 밀접한 관련이 있으므로 심리 문제를 파악하는 데 유용하며, 청소년의 대처 방식에 대해서도 알 수 있다(예: 내가 가장 화가 날 때는 – 애들이 내 일에 간섭할 때이다, 내가 가장 화가 날때는 – 화를 심하게 낸다 등).

　이 문항에서는 청소년이 가지고 있는 자신, 세상(타인), 미래에 관한 인지 삼제가 드러날 수 있다. 청소년이 세상에 대해 갖고 있는 태도와 도식이 부정적인지 긍정적인지 파악할 수 있다. 아동기에 역경을 많이 경험했거나 또래들과의 따돌림, 부모와의 갈등을 겪고 있는 청소년이라면 매우 부정적인 지각이 나타날 수 있다(세상은 – 무섭고 어렵다/세상은 – 잘 돌아가지 않는 것 같다/세상은 – 잔혹하다 등).

　이 문항에서는 청소년이 좋아하는 친구에 대한 이미지, 태도, 좋은 또래 관계를 형성하고 있는지 여부와 친구관계에서 갈등을 경험하고 있는지 등(예: 내가 제일 좋아하는 친구는 – 하나도 없다. 모두 배신자들이다 등)을 파악할 수 있다. 청소년의 경우에는 아동과 달리 특정 인물의 이름을 적기보다는 그 친구의 좋은 이미지에 대해서 묘사하는 경우가 많으므로, 추가적인 질문을 통해 그 대상과의 친밀감 정도를 파악할 수 있다.

　이 문항에서는 청소년이 스스로 고치고 싶은 습관이 있는지 기술하게 함으로써 자신의 생활 습관에 대한 객관적 인식 능력과 변화 동기를 알 수 있다. 임상 사례에서는 '고치고 싶은 나쁜 습관은 – 눈 깜빡이는 것/우울해하는 모습/싸움을 잘 거는 것'과 같이, 주호소 문제를 보고하는 경우가 많다. 즉, 현재 힘들다고 생각하는 부분을 자신의 나쁜 습관으로 연결하여 지각하는 경우가 많이 나타난다.

3. 성인 문장완성검사(SCT)

　SCT 성인문장완성검사에서는 자기 개념, 대인 표상, 감정 인식 및 조절과 관련된 부분은 아동 및 청소년 문장완성검사와 유사하지만 성인 초기에 중요한 일(직업), 사랑의 영역을 추가하였고, 성인중기, 즉 중년기 이후에 더욱 중요해지는 영성, 가치, 죽음 등에 대한 문항을 삽입하였다. 성인 문장완성검사는 기존의 문장완성검사와 마찬가지로 50문항으로 구성되어 있다.

　성인 문장완성검사(SCT)를 구성하고 있는 50개 문항과 각 문항이 측정하고 있는 것이 무엇인지 다음에서 기술하였다. 성인 문장완성검사는 아동이나 청소년에 비해 다양한 주제와 갈등이 투사될 수 있어 각 문항이 측정하려고 하는 내용 외에도 각각 긍정적, 중립적, 갈등적 문항을 예시하였다. 예시 문항은 정상인부터 가벼운 우울증, 조현병에 이르기까지 여러 가지 프로토콜을 참조하였다. 문항마다 정답이 있는 것이 아니어서 상당히 다양한 반응들이 나올 수 있겠지만 일일이 열거하기가 어려워 자주 나오는 반응을 토대로 기술하였다.

[SCT 성인문장완성검사의 구체적인 문항과 측정 내용]

> 1. 어렸을 때 우리 가족은 _____

　이 문항은 아동, 청소년 시절을 지나오면서 수검자가 지각하는 가족에 대한 분위기, 태도를 측정한다. 특히, 자신의 원가족에 대한 모습을 갈등이나 여러 문제들을 투사시킴으로써 현재 가진 심리 문제가 드러난다. 갈등적인 반응을 통해 원가족 갈등, 현재 가족의 특징을 추론해볼 수 있다.

　　예) ・긍정적(P): 단란하고 포근했다. 행복했다. 서로를 챙기면서 즐겁게 살았다.

　　　　　　　　　큰 걱정과 어려움 없이 잘 살아왔다.

- 중립적(N): 대가족이었다. 보통의 가족이었다.

- 갈등적(C): 복잡 다난했다. 불행했다. 최악이다. 다 제각각이었고 콩가루 집안이었다.

  행복하진 않았다.

2. 대부분의 여자들은 _____

이 문항은 여성이든 남성이든 일반적인 여성들에 대해 평상시 갖고 있는 태도를 측정한다. 여성 수검자라면 동성에 대한 태도가 나타나며, 남성 수검자라면 이성에 대한 생각이나 태도를 엿볼 수 있다. 남성 수검자의 경우 여성에 대해 비판적인 생각과 갈등이 심하다면 엄마나 애인 등 여성과의 관계에서 뿌리 깊은 갈등이 해결되지 않았을 가능성이 높다.

예) • 긍정적(P): 섬세하고 부드럽다. 말이 많지만 귀엽다. 세상에서 가장 아름다운 존재다.

- 중립적(N): 긴 생머리를 갖고 있다. 화장을 많이 한다.

- 갈등적(C): 자기밖에 모르고 남자들을 이용하려고 한다. 가까이하기에 어려운 존재다.

  가족에 대한 책임감으로 힘들어한다. 어렵다. 잘 삐친다.

3. 남들이 잘 모르는 나의 단점은 _____

이 문항은 수검자가 자신이 갖고 있는 성격적 약점, 단점에 대해 객관적으로 파악할 수 있는지를 알아볼 수 있고, 변화에 대한 동기나 개선 여부를 가늠할 수 있다. 심리적 통찰 능력이 부족한 사람들은 자신의 단점을 노출하는 것을 꺼려하고 '없는 것 같다'라고 말하거나 '모른다'라고 말하기도 한다. 정서적으로 우울할 경우 요즘의 기분 상태를 표현할 수 있다.

예) • 긍정적(P): 사교성이 부족하지만 사람들과 잘 지내려고 애쓴다.

- 중립적(N): 모든 인간과 마찬가지로 약한 존재다. 남들과 다르지 않다.

- 갈등적(C): 내성적이고 외골수다. 피해 의식이 의외로 강하다. 무기력하다.

  충동적인 면이다.

  요즘 좀 우울하다는 점이다. 자식, 돈에 대한 집착이 너무 심하다는 점이다.

4. 나의 외모는 _____

이 문항은 수검자가 갖고 있는 신체 이미지를 평가할 수 있다. 특히 여성 수검자의 경우 외모에 대한 뿌리 깊은 열등감이 표현될 수 있다. 외모에 대한 자신감이 있는 사람들은 별 문제 없이 지나갈 수 있는 문항이지만, 부정적인 자기 개념을 갖고 있거나 열등감이 심한 사람들은 외모에 대해 자신감 없는 태도를 많이 보인다.

예) 　• 긍정적(P): 깔끔하다. 괜찮은 편이다. 예쁘지 않지만 이대로 만족한다.
- 중립적(N): 평범하다. 봐줄만하다. 못생기지는 않았다.
- 갈등적(C): 못생겼다. 눈에 띄지 않는다. 존재감이 없다.

  너무 맘에 안 들어 다시 태어나면 이렇게 태어나고 싶지 않다.

5. 내가 바라는 남성상/여성상(예: 남성일 경우 여성상을 기술)은 _____

이 문항에서는 여성인 경우 바람직한 남성상, 남성에 대한 기대가 드러나고 남성인 경우 여성에 대한 기대감, 바람직한 여성상이 표현된다. 부모와 갈등적인 관계에 있거나 이성과 좋지 않은 경험을 한 수검자들은 이성상에 대해 매우 부정적으로 표현한다.

예) 　• 긍정적(P): 자상한 남자, 지혜롭고 현명한 여자, 따뜻한 사람.
- 중립적(N): 남자다운 남자, 여자 같은 여자.
- 갈등적(C): 남자들에게 뭘 바라고 기대할 수 있을까? 여성은 극혐이라 없다.

이 문항에서는 수검자의 삶에서 가장 중요하게 여기는 것, 즉, 사랑, 우정, 애정, 가족 간의 화목, 직업적 가치관 등이 드러난다. 대부분 사랑, 우정, 행복과 같은 추상적인 단어를 기술하는 경우가 많으나 교육 수준이 낮고 사고가 단순한 사람들은 '무엇보다 가치가 있는 일은 – 좋다'와 같이 '좋다', '나쁘다' 식의 단순한 사고와 '무엇보다 가치가 있는 일은 – 반드시 해야 한다'와 같은 당위적 사고를 드러낸다.

예) • 긍정적(P): 내 삶의 주인이 되는 것, 사랑하는 가족을 챙기는 것, 행복하게 사는 것.

　　 • 중립적(N): 본인만 알 수 있다.

　　 • 갈등적(C): 이 세상에는 없다고 본다. 세상에 가치 있는 일 따위는 없다. 빨리 죽는 것이다.

이 문항에서는 애착 대상인 아버지와의 관계에서 느끼는 심리적 안정감과 친밀감이 투사되어 나타난다. 어린 시절부터 경험한 아버지와의 관계에 대해서 자세히 들여다볼 수 있고, 평상시에 쌓여 있는 불만족감이나 분노감들도 쉽게 투사되어 나타나, 애착 문제 분석에 좋은 정보를 제공해 준다. 아버지와 긍정적인 경험이 별로 없고 어려서 학대를 경험한 사람들은 아버지에 대한 갈등적인 관계의 원인이 되는 사건을 기술하거나 양가적인 감정을 드러낸다(예: 우리 아빠는 – 미워할 수도 좋아할 수도 없는 그런 존재다).

예) • 긍정적(P): 법 없이 살 수 있는 사람이다. 정이 많은 분이셨다. 날 많이 사랑하신다.

　　 • 중립적(N): 늙었다. 남자다.

　　 • 갈등적(C): 불쌍하다. 외로워 보인다. 책임감이 부족했던 것 같다. 늘 어려운 존재다.

　　　　　　　　 애증의 대상이다. 무책임한 사이코패스다.

이 문항에서는 수검자가 특별히 두려워하는 대상과 사람, 즉 어떠한 특정 공포 대상이 주로 표현된다. 내적 갈등이 심할 경우 '내가 두려워하는 것은 – 내 자신이다'와 같은 표현이 많이 나타난다. 주로 취업, 결혼, 이혼 등 현재 생활, 사건에 대한 두려운 감정을 호소하지만 외상 경험을 한 사람들은 과거 충격적인 기억이 침습적으로 떠오르는 것에 대해 두려움을 호소한다. 공황 발작을 경험한 사람은 '다시 발작이 일어날 것 같은' 예기 불안이나 두려움을 드러낸다.

> 예) • 긍정적(P): 실패를 두려워하지만 실패는 성공의 어머니라고 생각하고 있다.
>
> • 중립적(N): 특별히 없다. 두려움 그 자체이다.
>
> • 갈등적(C): 내 자신이다. 지난 나쁜 기억이 떠오르는 것. 내 꿈을 이루지 못하고
>
> 늙어 죽을 때까지 혼자 살다 죽는 것, 공황 발작이 다시 일어나는 것.

이 문항에서는 수검자의 친구 관계를 포함한 대인관계 양상이 드러나며 친구와의 우정, 배신 경험이 주로 표현될 수 있다. 주변에 좋은 친구를 많이 두고 있다면 건강한 사회적 적응을 하고 있는 것이겠지만 과거 또는 현재 배신과 아픔을 경험하고 있다면 억울한 감정과 배신감 등이 표현될 수 있다. 과거 부정적인 경험을 통해 사람들에 대한 불신감이 강하게 형성되어 있다면 새로운 친구 관계를 맺기 어려워 혼자 고립되어 지내면서 내적 소외감을 표현할 수 있다.

> 예) • 긍정적(P): 이해심이 많은 친구. 정신적으로 의지가 되는 사람이다.
>
> 나의 인생을 풍부하고 깊이 있게 만든다.
>
> • 중립적(N): 많다. 좋은 친구다.
>
> • 갈등적(C): 하나도 없다. 모두 다 상처를 준 존재들이어서 없다고 본다.

한 명이라도 있을까?

다들 남 등쳐 먹기 바쁘니 좋은 친구가 과연 있을까 싶다.

10. 나는 _____

이 문항에서는 수검자가 가지고 있는 자기 개념을 알아볼 수 있다. 자기 개념이 부정적인지 긍정적인지 알 수 있고 기술한 내용을 토대로 열등감의 정도와 내용을 알아볼 수 있다. 우울감을 느끼는 경우 인지 삼제(자기, 세상, 미래에 대한 도식) 중에서 자기에 대한 부정적인 도식이 잘 드러날 수 있다. 간혹 자살 사고가 드러나기도 한다.

예) • 긍정적(P): 끈기가 있고 성실하다. 힘든 상황에서도 이겨내는 긍정적인 힘이 있다.

나는 이대로가 참 좋다.

• 중립적(N): 평범하다. 대한민국의 30대다.

• 갈등적(C): 우울하다. 요즘 내가 처한 상황 자체가 내 스스로 무능력을 느끼게 한다.

이제 그만 좀 살고 싶다. 지쳤다.

11. 내 삶에서 사랑은 _____

이 문항에서는 애정 대상에 대한 갈망, 사랑 욕구, 배신감 등과 같은 복잡 다양한 감정이 표현될 수 있다. 남녀 간의 사랑뿐만 아니라 가족에 대한 사랑, 친구들에 대한 사랑과 우정을 표현하기도 한다.

예) • 긍정적(P): 꿈만큼이나 중요한 요소이다. 좋은 사람들과의 만남이다. 삶의 원동력이다.

아이를 잘 키우는 일이다. 아름답다.

• 중립적(N): 과거에 있었다. 현재 진행 중이다.

• 갈등적(C): 눈물의 씨앗이다. 배신과 고통의 연속이었다. 쓰라린 상처를 남겼다. 과연 있을까?

12. 아이를 키운다는 것은 _____

이 문항에서는 아이를 키우는 것에 대해 책임감, 즐거움, 보람, 중압감 등이 드러난다. 또한 과거 아동기로부터 부모에게서 받은 양육의 질을 추론할 수 있다. 미혼인 경우 아이를 키우는 것에 대한 막연한 감정을 표현하지만, 직접 아이를 양육하고 있는 기혼자라면 현실적인 갈등과 희망을 표현할 수 있다.

예) • 긍정적(P): 행복한 일이다. 가정의 완성이다.

　　　　　　 가정의 행복과 나라 발전에 도움이 되는 뿌듯한 일이다.

　　 • 중립적(N): 남들처럼 사는 것이다. 책임이 생김과 동시에 헌신이 필요하다.

　　 • 갈등적(C): 최고로 힘든 일이다. 나랑 안 맞는 일이다.

　　　　　　 결혼 전으로 돌아간다면 아이는 낳지 않을 것이다.

13. 나를 가장 화나게 하는 것은 _____

이 문항에서는 수검자를 화나게 하는 상황, 대상, 사건 등에 대한 정보를 통해, 현재 경험하고 있는 분노감과 부정적인 정서를 파악할 수 있다. 또한 과거 주변 사람들과의 갈등적인 관계에서 경험한 배신감, 분노, 충격 등이 표현될 수 있다.

예) • 긍정적(P): 내 맘에 안 들지만 이해하려고 한다.

　　 • 중립적(N): 화를 낼만하다.

　　 • 갈등적(C): 내 맘에 안 드는 사람이지만 이해하려고 한다.

　　　　　　 나의 부족함을 깨닫는 순간이다.

　　　　　　 나는 진심으로 대했지만 나를 배신한 사람들. 이중인격자들.

14. 주변 사람들은 나에 대해 _____

이 문항은 수검자의 입장에서 주변 사람들이 자신을 어떻게 평가하고 있는지 객관적 인식을 보기 위한 것이다. 평상시 수검자에 대한 주변 평가가 긍정적인지 부정적인지 가늠해볼 수 있고 주변 평가에 예민한지 여부도 알 수 있다. 만일 수검자가 자의식이 높은 사람이어서 주변을 과도하게 신경 쓰고 예민하게 지각하고 있다면 피해 사고의 정도를 알 수 있고 나아가 피해 망상 여부를 알 수 있다.

예) • 긍정적(P): 좋게 말한다. 부지런하고 성실하다고 평가해 준다.

   • 중립적(N): 특별히 나쁘게 말하지 않을 것이다. 별 생각이 없다.

   • 갈등적(C): 안 좋게 볼 것 같다. 수근거린다. 뒷담화를 할 것 같다.

        어떤 평가를 할까 늘 두렵다. 몰래카메라를 설치하고 감시한다.

15. 내가 싫어하는 사람은 _____

이 문항에서는 부정적인 관계를 맺고 있는 대상에 대한 지각과 태도를 알 수 있다. 과거 대인관계 경험과 현재 맺고 있는 관계의 질을 알 수 있다.

예) • 긍정적(P): 특별히 없고 다 잘 지내는 편이다.

   • 중립적(N): 세상에는 완벽한 사람이 없다고 보기 때문에 특별히 싫은 사람은 없다.

   • 갈등적(C): 자신의 이익을 챙기려고 친구가 피해를 받든 말든 수단과 방법을 가리지 않고

        이용해 먹는 나쁜 사람들이다. 꼰대 같은 사람이다.

        남을 비난하는 사람들이다. 속과 겉이 다른 사람들이다.

16. 우리 엄마는 _____

이 문항에서는 애착 대상인 어머니와의 관계에서 느끼는 심리적 안정감과 친밀감이

투사되어 나타난다. 어린 시절부터 경험한 어머니와의 관계에 대해서 알아볼 수 있고, 내적으로 쌓여 있는 불만족감이나 분노감들이 표현되어 애착 문제 분석에 좋은 정보를 제공해 준다. 엄마와 긍정적인 경험이 별로 없고 어려서 학대를 경험한 사람들은 갈등적인 관계의 원인이 되는 사건을 기술하거나 양가적인 감정을 드러낸다.

예) • 긍정적(P): 다정다감하고 지지적이다. 자식들에게 헌신적이다.

• 중립적(N): 뭐든 혼자 다 알아서 한다. 그냥 엄마이다.

• 갈등적(C): 늘 힘없이 살다가 돌아가신 분이다.

필요 이상으로 세세한 부분까지 잔소리가 많으시다. 불쌍하다.

안쓰럽지만 내게 좀 좋은 모습을 보여주었어야 했다.

불쌍하지만 도와주고 싶은 생각은 없다.

17. 나의 학창 시절은 _____

이 문항에서는 중·고등학교 시절에 경험한 일에 대한 긍정적, 부정적인 기억, 이미지 등이 표현될 수 있다. 부모의 이혼과 같은 가족 갈등을 경험했거나 친구들로부터 따돌림을 받았거나 교사로부터 부당한 대접을 받았던 경험에 대한 복합적인 감정이 표현된다.

예) • 긍정적(P): 행복했다. 대체로 즐거웠다.

• 중립적(N): 무난했다. 특별한 기억이 없다.

• 갈등적(C): 따돌림을 받아 죽고 싶었다. 가족사가 불행해서 생각하고 싶지 않은 시절이다.

후회로 가득 차 있다. 우울하고 힘든 시기였다. 검정색과 같다.

18. 아빠와 나는 _____

이 문항에서는 아버지에 대해서 가지고 있는 여러 생각들이 드러난다. 아버지에 대한 정서적 친밀감과 갈등 정도를 알아볼 수 있는 문항으로 긍정적인 아버지상, 부정적인 아버지상, 아버지에 대한 양가적인 감정 등이 나타날 수 있다.

예) • 긍정적(P): 세상에 둘도 없는 부녀 관계이다.

• 중립적(N): 그저 그렇다. 닮았다. 비슷하다.

• 갈등적(C): 어색하다. 대화가 필요하다. 무책임하다는 것과 고약한 성질이 비슷하다.
　　　　　　남남처럼 지낸다.

19. 이성과 함께 있으면

이 문항에서는 이성에 대한 긍정적인 감정, 불편한 감정 등이 표현된다. 특히 이성관계에서 갖고 있는 근원적인 불안과 두려움이 표현될 수 있다. 성폭력을 당한 과거력을 가지고 있는 여성의 경우 불안하고 두려운 감정이 드러날 수 있다.

예) • 긍정적(P): 설렌다. 즐겁다.

• 중립적(N): 그저 그렇다.

• 갈등적(C): 불안하다. 어색하다. 쑥스럽다. 두려워서 말이 잘 안 나온다.

20. 나를 가장 불안하게 하는 것은

이 문항에서는 현재 수검자가 불안을 느끼는 대상과 경험에 대한 지각, 태도가 표현된다. 과거 충격적이고 외상적인 사건을 경험한 사람들은 위험한 상황에 대한 예기불안과 가족의 안위에 대한 걱정, 두려움이 자주 나타난다.

예) • 긍정적(P): 잘 견디면 지나간다.

• 중립적(N): 특별히 없다.

• 갈등적(C): 사랑하는 사람이 나를 떠날까 봐. 아무것도 이루지 못하고 죽는 것이다.
　　　　　　가족들의 안전이 늘 불안하다. 자식들이 잘못될까 봐 늘 걱정이다.

이 문항은 수검자가 살아오면서 주변 사람들과의 관계에서 경험했던 일이나 사람들에 대한 긍정적, 부정적 이미지가 표현된다.

예) • 긍정적(P): 선하다. 나쁘지 않다. 친밀한 관계를 맺으며 살아간다.

• 중립적(N): 바쁘다. 각자 인생이 중요하다.

• 갈등적(C): 대체로 이기적이다. 싸가지가 없다. 믿을 수 없는 인간들이다.

이 문항에서는 수검자가 자기 인생에서 중요하게 여기는 대상, 가치, 일, 경험 등이 드러날 수 있다. 대부분 가족의 행복, 자녀를 키우는 일을 언급하지만 현재 자신에게 가장 절실한 것을 표현할 수 있다. 또한 자살 사고가 드물게 표현된다.

예) • 긍정적(P): 행복이다. 자녀를 잘 키우는 것이다. 사람들과 잘 지내는 것이다.

가족들과 화목한 것이다.

• 중립적(N): 나 자신, 삶이오 죽음이다.

• 갈등적(C): 아무것도 없고 죽음만이 이 지옥에서 벗어나는 것이다.

돈을 많이 벌어 돈 없는 설움에서 벗어나는 것이다. 부질없는 것이다.

더 초라해지기 전에 이 생을 빨리 마감하는 것이다.

이 문항에서는 현재 수검자를 힘들게 하는 것, 만성적인 스트레스가 되어 온 일이나 사건, 주변 사람과의 관계갈등이 드러난다. 또한 힘든 일을 어떻게 극복하고 있는지 내적 자원과 대처 전략 등이 드러날 수 있다.

예) • 긍정적(P): 시간이 지나면 자연스럽게 해결된다.

　　• 중립적(N): 나이가 드니 시간이 빨리 가는 것이다.

　　• 갈등적(C): 나 자신이다. 실패해서 더 이상 재기할 수 없는 것. 욕먹기가 싫다.

　　　　돈이 없는 것 때문에 주눅이 들어 있다는 것이다.

　　　　아무도 나를 믿어주는 사람이 없다는 것이다.

　　　　가족들과 불협화음으로 하루하루가 지옥과 같다는 것이다

24. 대부분의 남자들은 _____

이 문항에서는 수검자가 남자들에 대해서 갖고 있는 생각, 태도가 드러나며 여성의 경우 아버지를 비롯하여 애인, 남자 친구 등 주변 남자들과의 관계 갈등이 드러날 수 있다.

예) • 긍정적(P): 의리가 있다. 여자를 배려한다.

　　• 중립적(N): 그냥 남자들이다.

　　• 갈등적(C): 어리석다. 멍청하다. 가부장적이고 여성의 희생을 강요한다.

　　　　경제적 능력, 생존 능력을 갖추지 못하면 여자들에게서 외면당한다.

25. 원하던 일이 잘 풀리지 않으면 _____

이 문항에서는 실패나 좌절 상황에서 수검자가 어떻게 대처하는지 스트레스 대응방식이 드러난다. 또한, 심각한 갈등 상황에서 대처 전략과 내적 자원을 탐색해볼 수 있다.

예) • 긍정적(P): 왜 잘 안 풀리는지 생각해보고 방법을 찾는다.

　　• 중립적(N): 크게 안 풀리는 것이 없어서 모르겠다.

　　• 갈등적(C): 남들보다 쉽게 포기한다. 화가 치밀어 올라 참을 수 없다.

　　　　왜 내 인생은 이 모양일까 원망스럽다. 팔자가 사납다고 생각한다.

26. 결혼(결혼생활)은 _____

이 문항에서는 결혼에 대해 수검자가 갖고 있는 태도가 드러나는데, 결혼 전이라면 부모의 결혼 생활이 수검자의 지각에 영향을 미치며, 결혼을 했다면 현재 결혼관계에서 느끼는 갈등이 드러난다.

예) ・ 긍정적(P): 일상에서 두 사람이 행복을 누리는 것이다. 추천한다. 잘한 것 같다.

　　　　　 내 인생의 오아시스다.

・ 중립적(N): 10년 전에 했다. 안 해봐서 모른다. 선택이다.

・ 갈등적(C): 결혼 전으로 되돌릴 수 있다면 결혼은 절대 안 하고 싶다. 상처투성이다.

　　　　　 늘 지옥과 천당을 왔다 갔다 하게 만드는 잘못된 만남 그 자체이다.

27. 살아오면서 가장 후회되는 일은 _____

이 문항에서는 살아오면서 후회가 될 만한 일과 그에 대한 감정이 표현된다. 또한 후회나 회한과 같은 감정을 어떻게 해결하고 있는지 대응 전략을 알아볼 수 있다. 우울증이 있는 경우 과거 자살 시도에 대한 후회감을 표현하기도 한다.

예) ・ 긍정적(P): 가급적 후회하기보다는 미래지향적으로 생각한다.

・ 중립적(N): 만들지 않는 것이 좋다.

・ 갈등적(C): 온통 후회할 일 투성이다. 결혼한 것이다. 아이를 낳은 것이다.

　　　　　 지금의 남편을 만난 것이다. 과거 자살하려고 했던 일.

28. 내가 가장 부러워하는 것은 _____

이 문항에서는 능력이나 외모, 돈 등 수검자 자신에게 부족한 것과 관련된 시기심, 부러움, 열등감이 표현된다.

예) • 긍정적(P): 자기 일을 능동적으로 해내는 사람들이다. 자신감 있게 사는 사람들이다.

  • 중립적(N): 부러워해봤자 소용이 없다는 것을 알기에 부러워하지 않는다.

  • 갈등적(C): 돈이 많아서 뭐든지 할 수 있는 사람.

    자기 마음대로 사람들을 부리며 사는 사람.

29. 직업을 갖는 것은 _____

이 문항에서는 수검자가 갖고 있는 직업에 대한 태도, 가치관이 드러나며 현재 겪고 있는 직장 갈등, 구직 갈등이 드러난다.

  예) • 긍정적(P): 존재 가치의 증명이다. 독립하기 위한 것이다.

  • 중립적(N): 좋은 것이다. 당연하다.

  • 갈등적(C): 나에게는 너무 힘든 일이다. 꼭 필요하지만 직장 상사 때문에 너무 힘이 든다.

30. 세상은 _____

이 문항에서는 수검자가 세상에 대해 갖고 있는 태도, 신념 등이 드러나며, 우울할 경우 세상에 대한 부정적인 인지도식이 표현된다.

  예) • 긍정적(P): 흥미롭다. 살아갈만하다.

  • 중립적(N): 넓고 할 일이 많다. 다양한 사람들이 모여 산다.

  • 갈등적(C): 엉망진창이다. 살기 어렵다. 요지경이다. 복잡하다. 불공평하다.

31. 어렸을 때 나는 _____

이 문항에서는 수검자가 아동기 때 경험한 것에 대한 기억, 태도 등이 잘 드러난다. 특히, 어릴 적 상처가 있는 수검자의 경우 트라우마와 관련된 부정적인 기억, 생각, 태도가 연상된다.

예) • 긍정적(P): 행복했다. 착했다.

• 중립적(N): 아무것도 모르는 철부지 어린아이였다.

• 갈등적(C): 불행했다. 기억하고 싶지 않다. 늘 주눅이 들어 있었다.

32. 나의 미래는 _____

이 문항에서는 수검자가 갖고 있는 미래에 대한 태도, 신념 등이 드러나며, 우울할 경우 미래에 대한 부정적인 도식이 표현된다. 자기, 세상(타인)에 대한 태도와 더불어 우울증의 인지 삼제(자기, 세상, 미래에 대한 도식)를 평가할 수 있는 문항이다.

예) • 긍정적(P): 여유롭고 편안하고 행복할 것이다. 원하는 일을 하며 행복하게 살 것이다.

    밝을 것이다.

• 중립적(N): 잘 모르겠다. 남들과 똑같다.

• 갈등적(C): 어둡다. 깜깜하다. 없을 것 같다. 오긴 할까?

33. 내 자신이 가장 자랑스러운 때는 _____

이 문항에서는 수검자가 살아오면서 성취, 성공 경험을 통해 느꼈던 자기 확신감, 유능감, 자신감 등이 표현된다. 심리치료를 할 경우, 필요한 대처 자원에 대한 탐색적 정보를 제공해 준다.

예) • 긍정적(P): 남들이 인정해줄 때이다. 힘들게 이룬 성취물을 볼 때이다.

• 중립적(N): 그냥 나 자신일 때.

• 갈등적(C): 딱히 없었다. 왜냐면 특별히 재주가 없기 때문에.

    자랑할 만한 것을 갖지 못해 한심스러울 뿐이다. 한 번도 없었고 나 자신이 싫다.

이 문항에서는 가족들이 수검자에 대해 어떤 생각, 태도를 갖고 있는지가 표현되며, 가족의 지나친 기대로 인한 심적 부담감 등이 자주 표현된다.

    예) • 긍정적(P): 잘 안다. 좋게 생각한다. 든든한 아들이라고 생각하고 자랑스러워한다.

        • 중립적(N): 그냥 잘 살고 있다고 생각할 것이다.

        • 갈등적(C): 기대가 너무 많다. 별 관심이 없다. 이기적인 한심한 사람으로 본다.

               부정적, 비판적이어서 내 스스로가 가족들로부터 외면당한다고 생각한다.

이 문항에서는 만일이라는 가정을 통해 수검자가 바라는 욕구, 희망사항이 표현된다. 현재 수검자에게 부족하게 느껴지는 것과 관련된 생각과 욕구, 바람이 자주 드러난다. 정서적으로 힘든 수검자의 경우 자살 사고가 드러날 수도 있다.

    예) • 긍정적(P): 다시 태어난다면 다른 사람들에게 도움을 주고 싶다.

        • 중립적(N): 잘 모르겠지만 지금도 무난하다.

        • 갈등적(C): 돈이 많다면 더 재미있게 살 텐데 돈이 없으니까 살 의욕이 안 생긴다.

               죽는다면 가족들이 힘들어하겠지?

이 문항은 수검자가 어머니와의 관계에서 그동안 경험했던 여러 심리적인 요소들이 드러난다. 주호소 문제와도 관련이 있으므로 앞으로의 문제 해결에 중요한 정보를 제공해 준다.

예) • 긍정적(P): 서로 사랑한다. 사이가 좋다.

  • 중립적(N): 모녀 사이.

  • 갈등적(C): 짜증스럽고 냉소적인 면이 닮았다. 너무 자주 싸운다.

    만나기만 하면 으르렁거린다. 세상에서 가장 이해하기 어려운 관계이다.

37. 내 삶에서 가장 행복했던 때는 _____

이 문항에서는 인생에서 가장 행복하고 좋았던 순간을 회상해봄으로써 수검자에게 힘이 될 만한 긍정적인 경험, 일, 대상에 대한 생각과 감정을 알아볼 수 있다. 대부분 가족과 여행을 가거나 맛있는 것을 먹을 때를 기술하지만 가족 등 대인 갈등을 경험하는 사람들의 경우 행복이라는 단어에 거부적인 반응을 보이기도 한다.

예) • 긍정적(P): 가족들과 여행한 것.

  • 중립적(N): 지금 이 순간. 어린 시절.

  • 갈등적(C): 있었나 싶다. 내 팔자에는 행복이라는 단어는 없다. 앞으로도 영원히.

38. 대부분의 윗사람들은 _____

이 문항은 아버지, 직장 상사 등 권위적인 윗사람들에 대한 생각들을 알아보기 위한 것이다. 윗사람 전반에 대한 생각보다는 자신의 부모와 직장 상사처럼 일상에서 실제 경험하는 권위적 대상에 대한 태도가 주로 표현된다.

예) • 긍정적(P): 경험이 많아 맞는 말씀만 하신다. 잘 도와준다.

  • 중립적(N): 나이가 많은 사람들이다.

  • 갈등적(C): 자기중심적이고 완고하다. 항상 권위적이다. 자기 말만 하고 무시한다.

    꼰대 같고 이기적이다.

39. 내 삶에서 가장 슬픈 기억은 _____

이 문항에서는 수검자가 겪었던 슬픈 사건과 경험이 드러난다. 부모의 자살과 같은 과거 트라우마와 상처가 표현될 수 있다. 현재 느끼고 있는 우울감이나 무력감의 원인을 파악할 수 있고 대처 방략도 가늠해볼 수 있다.

예) • 긍정적(P): 가슴에 묻어두고 슬기롭게 극복하려고 한다.

• 중립적(N): 오래전이라 기억이 가물가물하다.

• 갈등적(C): 사랑하는 사람으로부터 배신당하고 피눈물 흘렸던 것이다.

가까운 사람들의 배신이다.

부모가 이혼하고 형제, 자매들이 뿔뿔이 흩어졌던 일이다.

아버지의 자살, 그 이후로 모든 것이 바뀌었다.

40. 내 형제, 자매는 _____

이 문항은 수검자가 형제, 자매에 대해 갖고 있는 긍정적인 느낌, 부정적인 느낌, 갈등 등이 표현된다. 성인인 경우 부모와의 관계 외에도 아동기 시절부터 형제, 자매들과 맺은 경험이 현재 대인관계 갈등의 기초가 될 수 있으므로 중요한 개인적 정보가 나올 수 있다.

예) • 긍정적(P): 착하다. 서로 도와준다. 다들 잘 산다.

• 중립적(N): 여느 형제, 자매들과 똑같다.

• 갈등적(C): 어릴 적 오빠에게 자주 맞아서 지금은 안 보고 산다.

있으나 마나 한 존재들이다.

없다고 생각하고 산다. 애증의 관계에 있다.

41. 나이가 더 들면

이 문항에서는 수감자 자신이 나이가 들었을 때 바람직하게 생각되는 모습, 미래에 대한 두려움 등이 표현될 수 있다. 성인의 경우 발달적인 전환기, 예컨대 30세, 40세, 50세를 전후해서 나이가 들어가는 것에 대한 여러 가지 기대와 두려움, 불안, 회한 등이 표현될 수 있다.

예) • 긍정적(P): 좀 더 나은 사람이 되어 가족과 행복하게 살고 싶다.

• 중립적(N): 건강에 신경을 써야겠다.

• 갈등적(C): 추해질 것 같다. 신랑이 옆에 없을까 봐 두렵다. 겁난다. 불안하다.

42. 성에 대한 관심(성생활)은

이 문항에서는 현재 맺고 있는 연인 및 부부관계에서 성적 활동에 대한 흥미와 생각이 드러난다. 연인이 있는 경우 성생활 여부와 성 갈등을 알아볼 수 있고, 부부의 경우에는 성적인 불만족감을 알 수 있다. 미혼이나 비혼의 경우에도 성에 대한 관심 유무를 통해 성에 대한 태도, 우울 증상 여부도 추론해볼 수 있다. 과거 성폭력 등의 외상이 있는 경우 성에 대한 혐오와 두려움을 표현하는 경우가 많다.

예) • 긍정적(P): 많다. 만족스럽다. 인간에게 필요하다.

사랑하는 사람들에게 꼭 필요한 삶의 일부분이다.

• 중립적(N): 그저 그렇다. 다른 사람과 별반 다르지 않다.

• 갈등적(C): 없어진 지 오래다. 불만족스럽다.

있지만 스트레스로 인해 현재는 생각하고 싶지 않다. 지저분하다.

있지만 취업이 우선이다.

두렵고 싫다.

43. 내가 행복하려면 _____

　이 문항은 수검자가 바라는 행복이 어떤 것인지 이해할 수 있다. 행복하려면 어떻게 해야 하는지 기술한 내용을 통해 현재 삶의 만족도, 결핍된 부분을 확인할 수 있다.

　예) • 긍정적(P): 정신적 고통이 많았으나 극복을 해나가야 한다. 긍정적으로 생각해야 한다.

　　　• 중립적(N): 사람들과 잘 지내야 한다.

　　　• 갈등적(C): 집착에서 벗어나야 한다. 지나친 욕심에서 자유로워져야 한다.

　　　　　　　고통스러운 직장생활을 그만두어야 한다. 경제적 궁핍으로부터 벗어나야 한다.

44. 지금 나에게 필요한 것은 _____

　이 문항에서는 수검자에게 현재 중요하게 생각되는 것이 무엇인지 알 수 있다. 수검자의 욕구, 가치, 바람 등이 직접적으로 표현된다. 관계 불만족을 겪고 있다면 상대에 대해 바라는 것이 표현될 수 있다. 이 문항은 매슬로우가 제안한 욕구 위계 단계에 따른 해석을 해볼 수 있다. 예컨대 물질적 빈곤 상태에 있다면 욕구 위계에서 기초 단계인 의식주/안전의 욕구가 표현될 수 있고(예: 지금 나에게 필요한 것은 - 의식주이다), 자존감과 같은 상위 욕구가 표현되기도 (예: 지금 나에게 필요한 것은 - 나 자신을 존중하는 것이다. 사람들로부터 인정받는 것이다)하며, 자아실현과 같은 고차원적인 욕구가 표현될 수도 있다(예: 지금 나에게 필요한 것은 - 자유롭게 내가 원하는 것을 실현하고 싶다).

　예) • 긍정적(P): 마인드 컨트롤, 꿈에 도전할 수 있는 용기와 자신감.

　　　• 중립적(N): 돈과 시간.

　　　• 갈등적(C): 돈이 너무 없어 주거가 불안정해서 집을 사는 것. 우울에서 벗어 나는 것.

　　　　　　　나를 품어 줄 수 있는 존재. 나 자신을 존중해야 한다. 자존감.

45. 나의 건강은 _____

이 문항에서는 수검자의 건강에 대한 염려가 정상적인지, 아니면 과도한지 알 수 있다. 또는 실제로 건강상의 문제가 있는 수검자의 경우, 구체적인 신체적 어려움이 표현되기도 한다.

예)　• 긍정적(P): 나이에 비해서 좋은 편이다.

　　　• 중립적(N): 그리 나쁘지 않다.

　　　• 갈등적(C): 점점 안 좋아진다. 몸은 아프지 않지만 마음이 병들어 있다.

　　　　　　　좋지 않아서 일찍 죽을까 봐 걱정이 된다. 고혈압이 있어서 늘 걱정이다.

46. 돈은 _____

이 문항은 수검자의 경제적 상태가 많이 드러나는 문항으로 경제적 어려움, 결핍감, 돈을 벌고 싶은 욕구 등이 표현되며 경제적 무능감으로 인한 정서적 무력감이 많이 드러난다.

예)　• 긍정적(P): 꼭 필요하다. 행복의 척도는 아니지만 없어서는 안 될 생계 수단이다.

　　　• 중립적(N): 많을수록 좋을 것이다.

　　　• 갈등적(C): 많이 모으고 싶지만 재주가 없다. 벌고 싶지만 희망적이지 않다.

　　　　　　　이 세상에서 없어져야 한다. 태워버리고 싶다. 모든 악의 근원이다.

47. 내가 꼭 이루고 싶은 꿈은 _____

이 문항에서는 수검자가 이루고 싶은 이상적인 꿈이 드러나며, 좋아하는 것이나 존경하는 대상을 닮고 싶은 욕구가 드러나기도 한다.

예)　• 긍정적(P): 어려서부터 하고 싶었던 교사가 되고 싶다. 세상을 여행하고 싶다.

테레사 수녀님과 같은 사람이 되고 싶다.

- 중립적(N): 그냥 꿈이다.

- 갈등적(C): 언제부터인가 꿈이라는 단어는 내 인생에서 사라졌다.

나도 내 꿈이 무엇인지 모르겠다. 물거품이 되었고 모든 게 다 허망하다.

48. 바꾸고 싶은 나쁜 습관은 _____

　이 문항은 수검자가 스스로 지각하는 나쁜 습관이 무엇인지, 그리고 그 습관을 바꾸려는 의도나 동기가 있는지를 평가할 수 있다. 감정 조절의 문제, 음주 습관, 폭식 등 중독적인 습관에서 벗어나고 싶은 욕구가 많이 표현된다.

예) · 긍정적(P): 부족한 공감 능력. 바꾸기 힘들지만 조금씩 고치고 있다.

· 중립적(N): 바꾸어야 한다.

· 갈등적(C): 저녁이 되면 폭식하는 것. 가족들에게 버럭 화를 잘 내는 것.

게으르고 무력하게 늘어져 있는 것.

49. 내가 믿는 신(종교)은 _____

　이 문항에서는 수검자가 평상시 믿고 있는 종교, 신에 대한 태도, 생각, 가치관이 표현된다. 기독교 신자들의 경우 유일신에 대한 믿음을 표현하고, 무신론자인 경우에는 기독교에 대한 회의감을 표현하는 경우도 있다. 중장년층에게는 영성에 대한 주제가 중요할 수 있으므로 영적인 건강 상태를 파악할 수 있다.

예) · 긍정적(P): 믿음의 깊이만큼 마음의 평화를 누리는 것. 하느님을 믿기 때문에 늘 평안하다.

· 중립적(N): 나 자신이다. 없다. 하느님이다.

· 갈등적(C): 백해무익하고 인간을 교묘하게 착취하고 최면에 빠지게 한다.

신이 있다면 나에게 이런 시련을 허락하지 않았을 것이다.

50. 죽는다는 것(죽음)은 _____

이 문항에서는 수검자가 갖고 있는 죽음에 대한 생각, 태도가 드러나는데, 기독교 신자인 경우 '죽는다는 것은 – 새로운 시작이다'라는 반응을 많이 하는 반면, 우울한 사람일 경우 자살 사고가 드러날 수 있다.

예) • 긍정적(P): 누구에게나 닥치는 일이므로 편안하게 받아들여야 한다.

　　　　　　두렵지는 않지만 죽음 앞에서 삶에 대해 후회와 미련이 없었으면 좋겠다.

　　• 중립적(N): 새로운 시작이다. 잊혀지는 것이다. 삶의 마지막을 맞이하는 것.

　　　　　　그 순간 그걸로 끝이다.

　　• 갈등적(C): 무섭고 두렵다. 늘 죽음에 대해 생각해 왔다. 지금 당장 죽고 싶다.

　　　　　　지금의 고통을 잊을 수 있을 것이다.

[그림 1] SCT 검사지(아동/청소년/성인)

8장

인싸이트 문장완성검사의 실시 및 채점

1. SCT 실시와 지시문

문장완성검사를 실시할 때는 인쇄된 4페이지의 검사지에 나와 있는 지시문을 읽어 보게 하고 이 외에는 별다른 구두 지시를 내리지 않는다.

문장완성검사 지시문은 아동, 청소년, 성인에 따라 약간 다르게 기술되어 있으며 다음과 같다.

[SCT-C 아동]

'다음에 나오는 문장은 뒷부분이 빠져 있습니다. 각 문장을 읽으면서 맨 먼저 떠오르는 생각을 적어서 문장을 완성시켜보세요. 자신의 솔직한 마음을 그대로 표현하고 한 문항도 빠뜨리지 말고 모두 써 넣으세요.'

[SCT-A 청소년]

'다음에 제시된 문장은 뒷부분이 빠져 있습니다. 각 문장을 읽으면서 맨 먼저 떠오르는 생각을 적어서 문장이 완성되도록 하세요. 가능한 자신의

솔직한 마음을 그대로 표현하고 한 문항도 빠뜨리지 말고 모두 써 넣으세요.'

[SCT 성인]

'다음 문장들은 뒷부분이 빠져 있습니다. 각 문장을 읽으면서 가장 먼저 떠오르는 생각을 뒷부분에 적어서 문장을 완성하여 주십시오. 가급적 솔직하게 자신의 생각을 표현하시길 바라며 한 문항도 빠뜨리지 말고 작성하여 주시길 바랍니다.'

이와 같이 표준 절차를 통해 검사를 실시한 다음 전체 문장에 대한 반응을 읽어 내려가면서 빠진 문항이 없는지, 혹은 더 추가적으로 질문할 사항이 있는지 살펴보아야 한다. 문항을 읽어보고 수검자가 작성한 문장이 모호하다면 질문을 통해 명료하게 할 필요가 있다. 또한 질문과 응답을 통해 그 이면에 있는 함축적인 의미를 밝혀냄으로써 수검자 스스로 통찰을 갖도록 할 수 있다. 문장 내용이 흔치 않은 내용이거나 모호하거나 특별한 의미가 있어 보일 경우 검사자는 다음과 같이 질문한다.

'00번 문항에서 ___라고 적으셨는데 이 문장이 무엇을 뜻하는지 잘 모르겠습니다. 의미가 어떤 것인지 설명해 주시겠어요?'

특히 진단적으로 의미가 있는 내용일 경우 좀 더 자세히 질문하는 것이 좋다. 예컨대 어떤 환자가 '나는 ─ 하루에도 몇 번씩 기분이 왔다 갔다 한다'라고 적었다면 수검자가 느끼는 기분의 불안정성, 기분 변화를 보다 정확하게 탐색하기 위해 '하루에도 기분이 몇 번씩 왔다 갔다 한다고 적으셨는데 그것이 어떤 의미인지, 기분이 어떻게, 어느 정도로 왔다 갔다 한다는 것인지 다시 설명해주시겠어요?'라고 질문을 하는 것이 좋다. 수검자가 기술한 문장을 읽어보고 추가적으로 정교하게 질문을 하다 보면 진단적으로 의미 있는 내용이 나올 수 있다. 예컨대 어떤 수검자는 기분 변동이 심한 조증 증상을 이렇게 표현한 것일 수도 있고, 어떤 청소년은 사춘기에 접어들어 부모에게 짜증을 많이 내고 자주 화가 나는 것을 이렇게 표현한 것일 수도 있고, 경계선 성격을 보이는 사람은 수시로 감정 기복이 큰 것을 표현한 것일 수도 있다. 물론 수검자가 보이고 있는 주호소 문제를 보면 진단적인 인상을 가질 수 있겠으나 문장완성검사 반응과 추가적 질문을 통해 진단적으로 애매한 수검자의 특성을 보다 구체적으로 파악할 수도 있다.

추가 질문을 할 때는 모든 문항을 마친 다음 하는 것이 좋다. 문장완성검사를 실시하는 도중에 질문을 하면 수검자는 방어적인 태도를 취할 수도 있고, 검사자를 의식하고 사회적으로 바람직한 모습으로 반응할 수 있다. 또한 전혀 반응을 하지 않거나 간단하게 '예', '아니오'라고 응답했을 경우 그 문장에 대해서도 완성을 하도록 요청하는 것이 중요하다. 반응을 하지 않은 문항이 있다면 특히 어떤 문항에서 피검자가 방어적으로 반응하는지를 살펴봐서 중요한 의미가 있는지 탐색해보는 것도 필요하다. 간혹 부주의해서 문항을 빠트린 경우도 있지만 성(Sex)에 관한 문항이라든지 아버지에 관한 문항을 빠트린다든지 수검자가 갈등을 느끼는 영역에서 반응을 아예 하지 않는 경우에는 추가 질문을 해서 갈등적인 요소를 파악할 필요가 있다.

2. 인싸이트 문장완성검사의 실시 방법

문장완성검사는 개인별로 실시할 수도 있고 집단으로 실시할 수도 있다. 흔히 정신건강의학과에 내원하는 외래 환자라면 검사자가 있는 검사실에서 실시하며, 입원 환자라면 병실에서 미리 문장완성검사를 작성하고 심리검사실에 와서 그 외의 심리검사를 받을 수 있다. 간혹 무학이어서 글씨를 못 쓰거나 환자의 주의 집중력이 떨어져서 문장을 완성할 수 없을 경우 가족이나 병실 간호사가 대필해 주는 경우가 있는데, 이런 방식으로 실시하게 되면 대필해 주는 사람의 의도가 들어가기 때문에 수검자의 특성을 정확하게 파악하기가 어려울 수 있다. 따라서 가급적 수검자가 스스로 문장을 완성할 수 있게 해야 하며, 무학이라면 실시하지 않는 것이 좋다.

통상적으로 임상 심리검사는 개별 실시가 원칙이지만 간혹 상황에 따라 집단으로 실시할 수 있다. 예컨대 특정 문제를 가진 아동, 청소년의 경우 동질 집단으로 묶어 집단적으로 실시할 수 있다. 집단으로 실시하면 같은 시간에 많은 사람들에게 검사를 실시할 수 있다는 장점이 있기는 하지만, 개별적으로 실시할 때와 같이 수검자의 검사 태도를 직접적으로 관찰할 수 있는 기회를 놓칠 수 있다는 단점이 있다. 특히 문장 이해력이 떨어질 경우, 개별적으로 실시할 때는 수검자에게 쉽게 설명을 해줄 수 있으나 집단 실시일 때는 설명이 원활하지 못할 수 있다. 따라서 가급적 집단 실시보다는 개별적으로 실시해야 더 많은 정보를 얻을 수 있을 것이다.

3. 검사 소요 시간 및 평가 동맹

문장완성검사는 개인차가 있기는 하지만 평균 20~30분 정도가 소요된다. 생각이 많고 글을 쓰는 것을 좋아하는 수검자의 경우 길게 답을 쓸 수 있다. 그러나 초등학교 저학년 아동이나 지능이 떨어질 경우, 품행장애나 다른 행동장애가 있는 아동 및 청소년의 경우 평균 소요 시간보다 더 짧은 시간 동안 검사를 마치기도 한다. 이 경우에는 대부분 '모른다', '글쎄'와 같이 한 단어 수준으로 반응을 하여 수검자의 내적 상태에 대한 정보가 거의 드러나지 않을 수 있다. 검사자에 따라서는 무성의하게 응답하거나 빠트린 문항이 많을 경우 수검자에게 다시 문장완성검사를 작성하도록 요구할 수도 있으나, 무성의하고 부주의하게 응답한 것이 수검자가 가진 성격적 특성의 일부를 말해주기 때문에 그 자체가 의미 있는 정보가 될 수도 있다.

검사자가 만나지 않은 상태에서 문장완성검사를 시키는 경우가 간혹 있는데 이럴 경우 환자 혹은 수검자는 검사를 왜 해야 하는지 이해하지 못한 상태에서 건성으로 하는 경우도 많다. 그렇기 때문에 검사자가 직접 환자나 수검자를 만나 심리검사를 해야 하는 이유를 설명해 주고, 이 검사를 하게 되면 수검자에게 어떤 좋은 점이 있는지 충분히 설명해 주는 것이 평가 동맹을 맺는 데 도움이 될 수 있다. 심리치료 상황에서 라포 형성이 중요한 것처럼 평가 상황에서 평가 동맹을 맺고 검사를 실시하면 훨씬 더 많은 반응을 끌어낼 수 있다. 문장완성검사도 투사검사이기 때문에 평가 동맹이 형성된 다음에 실시하면 수검자의 특성을 추론할 수 있는 더 풍부한 반응을 끌어낼 수 있다.

4. 채점 원칙

문장완성검사 프로토콜을 받게 되면 우선 형식적 측면에서 반응을 검토할 필요가 있다. 때로는 문항 자극이 어떤 반응을 유발했지만 글로 표현된 수검자의 생각이 불완전한 상태이고 의미가 분명하지 않을 경우에는 채점이나 해석을 하기 어렵다. 노래 제목(예: 세상은 – 요지경)이나 흔히 나타나는 반응(내가 믿는 신은 – 하나님), 고정관념(예: 결혼은 – 해도 후회, 안 해도 후회 등)이 들어가 있는 반응들은 의미 없는 단어 모음일 수가 있어서 해석을 할 필요가 없는 경우가 많다.

문장완성검사 반응을 해석하기 위해서는 다음과 같은 여러 가지 측면을 고려할 필요가 있다.

1) 생략 반응

생략 반응은 문장을 완성하지 않고 빈칸으로 남겨둔 문항을 말한다. 문장완성검사에서 생략 반응은 심리적 차단 작용(block)과 부적응을 의미한다. 그러나 적응을 잘

하는 사람들에게도 생략 반응은 나타날 수 있으므로 어디까지나 하나의 시험적 가설로 생각하여야 한다.

임상 장면에서 생략 반응은 내담자가 인식할 수 없거나 표현할 수 없는 갈등 영역을 의미할 수 있기 때문에 잘 살펴볼 필요가 있다. 예를 들어 엄마에 대해서는 '매우 훌륭한 사람'이라고 하면서 '아빠는…….' 문항에 대해 답을 하지 않았다면 아버지에 대한 갈등을 탐색해볼 수 있다. 객관적 채점 체계를 갖고 있는 로터^{Rotter} 문장완성검사에서는 '생략 지수= 40/40−생략 반응의 수'와 같이 채점 공식을 만들어 20개 이상 생략 반응, 즉 2점 이상이 나오면 그 프로토콜은 임상적 혹은 실제적 목적으로 채점하기가 곤란한 것으로 간주하였다. 그러나 본 저자가 만든 문장완성검사에서는 객관적 채점 체계가 없으므로 그런 공식을 적용하긴 어렵고, 적어도 반 정도 문항을 완성하지 않았다면 다시 하도록 격려하고 그래도 하지 않을 경우 그 자체를 하나의 의미 있는 검사 반응으로 간주해야 한다. 검사 동기가 없는 품행장애나 반사회성 성격장애, 정신증적 혼란 상태에 있는 사람들은 생략된 문항을 다시 작성하게 해도 하지 않는 경우가 많다. 이 경우에는 억지로 다시 시키기보다는 그러한 검사 태도가 주는 의미를 분석해볼 필요가 있다.

2) 긍정 반응

긍정 반응은 건강하고 희망이 어려 있는 반응들이다. 이런 반응들은 만족감, 즐거운 정서, 타인과 조화로운 관계, 자신에 대한 긍정적인 태도, 학교생활에 대한 긍정적인 태도, 취미, 스포츠 활동, 사람들에 대한 호감, 목표나 계획에 대해 낙관적인 태도 등이 들어 있는 반응이다. 또한 유머가 있고 가볍고 수용적인 반응들이다. '대부분의 사람들은 − 좋다', '내 삶에서 가장 행복한 때는 − 지금이다. 왜냐면 이 순간 살아 있는 것이 너무 행복하기 때문이다' 등과 같은 반응들이 그 예에 속한다.

일반적으로 긍정적 반응은 사람들에 대한 긍정적인 감정, 좋은 사회적 적응, 건강한 가정생활, 낙관주의, 유머를 의미하지만, 간혹 진정한 낙관주의적인 반응인지, 건강한 유머를 구사하고 있는 반응인지 분명하지 않을 때가 있다. 긍정 반응은 해석이 불필요한 반응이기는 하지만 간혹 거의 모든 문항에서 지나치게 긍정적인 표현과 미사여구를 사용하는 경우에는 심리적 문제를 부인하거나 내면의 진솔한 감정을 표현하기 어려워하는 사람일 수 있으므로 이에 대한 탐색이 필요하다.

3) 중립적인 반응

중립적인 반응은 굳이 위의 어느 범주에도 속하지 않고 해석의 의미가 별로 없는, 말 그대로 중립적인 반응이다. 중립 반응은 대체로 단순하고 기술적인 수준에서 쓰여진 반응들이거나 사실적인 정보를 담고 있다. '대부분의 여자들은 —그냥 여자일 뿐이다', '대부분의 남자들은 — 힘이 세다', '남자아이들은 — 남자애들이다', '대부분의 여자들은 — 갈대와 같다', '나의 학창 시절은 — 여느 아이와 다름없었다', '좋은 친구는 — 어려울 때 도와주는 친구' 등과 같은 반응들이 여기에 해당된다. 이외에 편견, 구호, 노래 가사, 상식적인 표현들이 중립적인 반응이라고 볼 수 있다. 중립적인 반응은 별로 의미 없는 문장완성일 뿐이며 해석이 필요 없는 반응들이다.

중립적인 반응 범주에 들어가는 두 가지 일반적인 유형의 반응들이 있다. 하나는 정서적인 색채가 부족하거나 개인적인 의미가 별로 들어가 있지 않은 반응이다. 다른 하나는 적응적인 사람들뿐만 아니라 부적응적인 사람들 중에서 발견되는 반응으로 긍정적인 반응이나 갈등적인 반응으로 분류할 수 없는 반응들이다. 부적응적인 사람들이라고 해서 모두 갈등적인 반응만 하는 것이 아니다. 검사에 대한 동기가 부족하거나 감정적인 표현을 자제하는 사람들, 혹은 감정 표현 불능인 사람들은 부적응 상태에 있지만 내적 갈등을 표현하지 않고 중립적으로 무심하게 반응하기도 한다. 따라서 중립적인 반응으로 일관하고 있다면 수검자의 검사 태도와 감정 표현 스타일 등에 대해서 탐색해볼 필요가 있다.

4) 갈등적인 반응

갈등 반응은 건강하지 못하고 부적응적인 생각이나 감정을 표현하고 있는 반응들이다. 적대적인 반응, 비관적인 반응, 증상 호소, 절망감과 자살 사고 표현, 불행한 경험과 과거 부적응을 기술하는 것들이다. '나는 – 거의 모든 사람들을 증오한다', '나는 – 애초에 태어나지 말았어야 했다', '아빠와 나는 – 철천지원수 같은 사이이고 그런 사람의 아들이라는 게 화가 난다' 등과 같이 관계 갈등의 정도와 강도를 알 수 있는 반응들이다. 긍정적인 반응과 중립적인 반응은 해석이 불필요한 경우가 많지만 갈등적으로 분류될 수 있는 반응들은 수검자의 내면의 갈등을 탐색할 수 있는 주요 단서가 된다. 문장완성검사 해석은 주로 이 갈등적인 반응을 탐색하고 내용별로 분류하여 수검자의 주호소 문제와 연결시킨 뒤 심리치료에 활용할 수 있다.

5) 부인 반응

문장완성검사의 많은 문항에서 죄책감이나 공격성, 충동을 부인하는 반응을 한다는 것은 의식적으로 공격적이거나 충동적인 욕구를 통제하려는 욕구가 반영된 것이다. '나를 불안하게 하는 것은 – 없다, 내 삶에서 가장 슬픈 기억은 – 없다, 살아오면서 가장 후회되는 일은 – 없다, 나를 가장 화나게 하는 것은 – 특별히 없다' 등과 같이 일체의 불안이나 슬픔, 두려움을 부인하려는 태도로 일관하는 것이다. 대체로 검사에 대한 동기가 없어 모든 문제를 부인하는 문장을 단답식으로 쓰는 경우도 많다. 문장완성검사 전반에 걸쳐 부인 반응이 너무 많이 나타나고 있다면 수검자가 자신이 겪고 있는 심리적 어려움을 인정하기 어려워하고 부인이나 억압 방어기제를 사용함을 알 수 있다.

6) 보속 반응

어떤 사람들은 자극이 바뀌어도 같은 내용으로 응답하는 보속증 반응을 하는 경향이 있다. 문항이 바뀌면 다른 내용으로 반응해야 하지만 같은 식으로 답을 한다든지 하는 것이 보속증 반응에 해당된다. '대부분의 여자들은 – 친절하다, 내가 바라는 남성상은 – 친절하다, 대부분의 사람들은 – 친절하다'와 같이 같은 반응이 계속 반복되는 경우 조현병과 같은 정신병적 상태로 인해 사고 전환이 어려운 경우에 해당된다. 특정 정서적 색채가 들어가 있는 반응이 연달아 나타난다면 이런 감정에 압도되었거나 특정 감정 상태에 빠져 있음을 알 수 있다(예: 우리 엄마는 – 나쁘다, 아빠와 나는 – 나쁘다, 세상은 – 나쁘다 등). 보속증이 많이 나타난다면 인지적 경직성이 심하다고 볼 수 있고, 하나의 시각에 고정되어 있다고 볼 수 있다.

7) 짧은 반응

지나치게 짧은 반응은 피검자가 검사에 대한 동기가 낮아서 무성의하게 답한 것일 수 있다. 또 어떤 경우는 강한 감정에 압도되어 있어 방어적으로 문장을 짧게 쓸 수 있다. 품행장애나 주의력 결핍 과잉행동장애를 보이는 아동, 청소년은 검사 동기가 낮아서 건성으로 짧은 반응을 하는 경향이 있다. 만성 조현병 환자들이나 지적 능력이 떨어지는 사람들은 사고 능력이 떨어지고 문장 표현력이 떨어져서 이와 같이 짧게 반응을 하는 경향이 있다. 우울한 사람들 중에서도 에너지 수준이 떨어지고 사고 능력에 제한을 보이는 경우 반응이 짧아진다.

8) 장황하게 길게 쓴 반응

어떤 사람들은 문장완성검사에서 지나치게 길게 쓰는 경향이 있다. 이 경우 사고

장애가 있을 수도 있고 조증 상태에서 사고비약(flight of idea)으로 인해 많은 내용들을 표현한 것일 수도 있다. 부적응적인 사람들 중에는 자신을 충분히 표현해야만 한다는 압박감을 느끼기도 하고 오해받지 않으려고 길게 쓰기도 한다. 적응을 잘하는 사람들은 '내 삶에서 가장 행복했던 때는 – 가족과 함께 여행을 가 있을 때다'와 같이 간결하게 쓰는 경향이 있다면, 부적응적인 사람은 '내 삶에서 가장 행복했던 때는 – 특정한 시간 안에 주어진 것을 완수하려는 책임감을 느끼지 않아도 되는 때였지만 책임감 때문에 행복을 느낄 만한 순간이 없었다'와 같이 길게 문장을 나열하기도 한다. 너무 지나치게 길게 반응을 하고 있다면 방어적으로 자신의 문제를 합리화하고 있거나 사고가 산만해서 핵심적인 사항을 제대로 잘 짚지 못하는 상태일 수도 있다. 진단적으로는 조증 상태에 있거나 사고 장애가 있어 연상이 이완되어 있거나 논리성이 떨어지는 사람들이 주로 이렇게 긴 반응을 보인다.

9) 반응 왜곡

문항 반응 내용이 지나치게 왜곡되어 있는 경우 억압되어 있는 어떤 태도나 경험, 충동들이 나타나는 것일 수 있고, 자아 방어 기능이 원활하지 않고 붕괴 직전이거나 붕괴 상태를 반영할 수 있다. 반응 내용이 부적절하고 논리적 전개가 원활하지 않은 반응을 보이거나(예: 내가 돈을 번다면 – 태워버리겠다, 이다음에 크면 – 숨쉬기를 하고 싶다. 왜냐하면 그땐 내가 죽었을 수도 있기 때문이다 등), 여과되지 않고 통제가 안 되는 공격적, 성적 주제가 반복된다면 정신병 직전 단계이거나 명백한 정신병 상태일 가능성이 높다.

10) 특정 단어나 주제의 반복적인 표현

어떤 사람들은 자신에게 중요하게 여겨지는 단어를 반복하는 경향이 있다. 예를 들어 '우리 엄마는 – 배려가 많다, 결혼은 – 서로를 배려하는 것, 내 삶에서 사랑은 – 표현하고 배려하는 것, 내가 좋아하는 사람은 – 배려해 주고 이해가 많은 사람'이라고 표현한 경우이다. 통상 배려라는 단어에는 긍정적인 의미가 들어있지만 이 수검자가 배려를 왜 이렇게 강조하는지 그 의미를 탐색할 필요가 있다. 수검자가 생각하는 배려의 의미가 무엇인지 살아오면서 배려를 잘 받았다고 생각하는지, 아니면 배려를 잘 받지 못해 배려라는 단어에 집착하고 이를 강조하는 것인지 여부를 탐색할 필요가 있다.

주제통각검사(TAT)나 로샤검사의 내용 분석에서 자주 나타나는 단어나 문장이 해석을 필요로 하듯이 문장완성검사에서 반복적으로 나타나는 단어나 주제 역시 수검자에 대해 의미 있는 정보를 줄 수 있다. 대체로 어렸을 적에 아이다운 욕구를 충분히 충족시키지 못하고 조숙한 애어른으로 자란 성인들 중에는 문장완성검사 전반에 걸쳐 '휴식', '벗어나고 싶다', '무거운' '중압감'과 같은 표현이 자주 나타날 수 있다. 이처럼 같은 단어나 문장이 반복적으로 나타난다면 그 주제와 관련된 수검자의 욕구가 표현된다고 볼 수 있다. '휴식', '벗어나고 싶다'는 단어는 삶의 중압감으로부터 벗어나 휴식을 취하고 싶은 욕구가 표현된 것이다. 마찬가지로 책임감이라는 단어를 반복하고 있다면 어린 시절 부모로부터 책임감 있는 양육을 받지 못해 스스로 과도한 책임을 지고 살아왔을 가능성을 탐색해볼 필요가 있을 것이다. 실제로 이런 수검자들의 경우 부모와 같은 중요한 타인에 의해 혹은 스스로 부과한 책임감과 중압감으로부터 벗어나지 못해 일중독 상태에 빠져 있을 가능성이 높다. '화해'와 같은 단어가 반복적으로 나타난다면 주변의 중요한 사람들과 갈등적인 관계를 회복하고 화해하고 싶은 욕구를 표현한 것이다.

11) 함축적 의미가 들어가 있는 문항

어떤 반응은 지나치게 의미가 함축되어 있어 문장 내용만으로는 수검자의 의도를 이해하기 어려운 경우가 있다. 이 경우에는 추가적인 질문을 해야만 수검자가 전달하려고 하는 의미를 파악할 수 있다. 예를 들어 '나를 힘들게 하는 것은 – 당위적 사고'라고 반응했다면 피검자가 생각하는 당위적 사고가 무엇인지, 그것 때문에 어떤 것이 힘든지 추가적인 질문을 통해 반응의 의미를 구체적으로 확인할 필요가 있다. '무엇보다 가치가 있는 일은 – 시간'이라고 말하였다면 이 수검자에게 있어 시간이 의미하는 것이 정확히 무엇인지 탐색할 필요가 있다. 간혹 사고 장애가 있는 조현병 환자들은 자폐적인 논리에 빠져 지나치게 함축적으로 단어를 사용해서 추가적인 질문을 하지 않으면 그 의미가 무엇인지 알기 어려울 수 있다.

이 외에도 문장완성검사 프로토콜의 형식적 분석에서는 검사동안 수검자가 보여준 태도 같은 것을 탐색해 볼 수 있다. 문항반응을 적다가 갑자기 검사용지를 찢어버리는 수검자도 있다. 이 경우 작성한 문항 중에서 특별히 어떤 문장이 수검자의 공격성을 자극했는지 살펴볼 필요가 있다. 성격이 급하고 충동적이고 감정조절이 안되는 경우 특별한 이유 없이 이런 반응을 보일 수 있다. 또한 계속 문장을 적다가 지운다든지, 문장을 여러 번 지우면서 결국 문항을 완성해 내는지 등 검사를 하는 동안 드러나는 수검자의 태도에서 의미 있는 특성을 파악할 수 있다.

9장
인싸이트 문장완성검사의 분석과 해석

 문장완성검사는 검사 이론과 정신병리에 대해 잘 모르는 사람도 해석이 용이하다는 느낌을 갖게 하는 검사이다. 최근 들어 심리검사를 필요로 하는 장면이 늘어나면서 심리학을 전공하지 않았거나 체계적인 훈련을 받지 않은 인접 분야의 전문가들도 손쉽게 접근할 수 있는 검사 중의 하나가 문장완성검사이다. 문장완성검사에서 나온 반응 내용은 일견 해석이 쉬워 보이기 때문에 별다른 이론을 참조하지 않고 분석을 하는 경향이 있다. 상담이나 임상 장면에서 오랜 경험과 훈련을 받은 사람들도 로샤나 TAT와 같은 투사검사와 달리 문장완성검사에서는 복잡하고 정교한 형식적 분석을 선호하지는 않는다. 단지 중요한 특성, 관심사, 태도, 기분, 내담자가 중요하게 생각하는 가치, 직업적 목표, 피검자의 '스타일' 등을 살펴보는 것만으로 정보가 있다고 보기 때문이다.

 그러나 동일한 검사라고 할지라도 인간의 이상 행동이나 심리검사에 대한 전문적인 교육과 훈련을 받은 사람들이 분석했을 때 수검자에 대해 더 유용한 결과들이 도출될 수 있다. 검사 프로토콜에서 심리적으로 유의한 반응을 체계적으로 분류하고 다른 행동 변수들과 함께 심층적으로 분석해야만 문장완성검사의 가치가 있다. 그렇기 때문에 이 검사를 가장 잘 해석할 수 있는 사람은 인간의 행동, 심리에 대해 폭넓은 지식을 가지고 있고 충분한 훈련을 받은 임상심리 전문가, 정신건강 분야의 전문가들이라고 할 수 있다.

이 장에서는 인싸이트 문장완성검사의 분석 방법과 해석 절차에 대해 기술하려고 한다.

우선 문장완성검사를 해석할 때 다음의 가정을 기억할 필요가 있다.

▶ 문장완성검사 상황에서 문장 자극에 대해 맨 먼저 떠오르는 생각을 적으라는 압력을 받으면 수검자들은 내적으로 검열하지 않은 중요한 개인적 자료를 드러낸다.

▶ 비구조화된 상황을 완성하거나 구조화시키라는 상황에 직면하면 수감자는 자신의 내면에 있는 갈등이나 진정한 기분(true feeling)과 같은 심리적 속성을 드러낼 것이다.

▶ 다른 사람들과의 관계나 갈등에 대해 말할 때 수검자는 자신의 내면을 드러내는 경향이 있다.

문장완성검사 문항을 새로 구성하면서 양적 채점 체계 도입에 대해 많은 고민을 하였지만 프로토콜의 내용을 범주별로 분류하여 분석하는 통상적인 방법이 문장완성검사의 실제적 가치를 더 높이는 것으로 판단하여 양적 점수 체계를 제시하지 않았다. 앞서 기술한 로터 체계나 로드 체계처럼 각 문항의 반응을 수량화시켜 점수를 매기는 방식은 연구 목적이 아니라면 실제 상담 및 임상 장면에서는 잘 사용되지 않는다는 점도 객관적 채점 방식을 제공하지 않은 중요한 이유라고 볼 수 있다.

1. 문장완성검사의 해석 절차

문장완성검사는 다음의 몇 가지 절차에 따라 해석을 할 수 있다. 모든 심리 검사가 그렇듯이 검사 자료만 가지고 수검자의 특성에 대해 해석하기 어렵다. 따라서 가장 중요한 것은 인구학적 배경 정보이다.

1) 배경 정보 및 성향 확인하기

문장완성 프로토콜을 검토하기에 앞서 인구통계학적인 자료, 즉 연령, 학력, 직업력, 주호소 등을 살펴보는 것이 필요하다. 검사 당시 주의집중이 잘되는 상태였는지, 긴장되어 있는지, 뭔가에 과도하게 몰두하는지, 정서적으로 불안정한지, 자발적으로 말하는지, 대답에 겨우 답하는 정도인지 등을 살펴볼 필요가 있다. 최근 일이나 지나간 일에 대한 기억 능력이나 판단 능력은 어떠한지 간단한 면담에서 평가할 필요가 있다. 위험한 생각, 판단력의 문제, 전반적인 지식 및 상식 수준이 학력 수준과 맞는지 등은 문장완성검사 반응 내용을 가지고 질문을 할 수도 있고 다른 심리검사와 함께 면담 자료에서 확인할 수 있다.

2) 프로토콜 검토

배경 정보를 확인한 다음에는 수검자의 상태에 대한 전반적인 인상을 갖기 위해 전체 프로토콜을 한 번 쭉 훑어본다. 이때 수검자의 전반적인 반응, 문제에 대한 접근, 태도, 감정, 가능하다면 생활 철학 같은 것을 가늠해볼 수 있다. 프로토콜을 읽으면서 눈에 띄는 중요한 단서는 따로 검사지에 메모해서 나중에 해석하고 평가할 수 있게끔 해야 한다. 그렇지 않으면 너무나 다양한 반응과 자료 속에서 중요한 요소를 놓칠 수 있다. 이 과정에서 검사자는 수검자에 대한 편견을 갖고 프로토콜을 대할 수 있는데, 미리 마련된 체계에 따라 평가를 하게 되면 과정을 객관화시켜 검사자의 선입견과 편향된 시각을 막을 수 있다. 문항반응을 읽으면서 눈에 띄는 다양한 요소들을 머릿속에만 넣지 말고 단서를 검사지에 적어두는 방법이 더 효율적이라는 것을 몇 번 해석을 해보면 알 수 있다.

이 단계에서 수검자에 대한 인상 파악을 위한 절차를 간단하게 하기 위해 로드^{Rohde}의 성격 평정 체크리스트를 참조할 수 있다. 이 체크리스트에는 가족문제, 친구, 동성,

이성관계, 윗사람, 동료들과의 관계, 자신, 신, 종교, 우울, 좌절, 불안, 두려움과 같은 감정적인 부분, 일, 교육, 돈, 권위상에 대한 질문 등이 참조 문장으로 나열되어 있어서 문장완성검사 프로토콜을 읽기 전 혹은 한 번 읽고 나서 살펴보게 되면 문장완성검사에서 얻을 수 있는 정보가 더 명확해질 수 있다(성격 평정 체크리스트 참조). 위와 같은 정보는 보다 집중적인 분석을 위한 예비 단계라고 볼 수 있다. 체크리스트를 읽은 다음 문장완성검사 프로토콜을 한 번 더 읽어보게 되면 '수검자가 원하는 것은?', '수검자의 어머니에 대한 감정은?', '수검자의 아버지에 대한 감정은?', '수검자가 대인 관계에 대해 갖고 있는 태도는?', '수검자는 세상을 우호적으로 보고 있는가, 적대적으로 보고 있는가?', '수검자는 회피적인 사람인가?', '수검자는 자신을 어떻게 생각하고 있는가?' 등 다양한 주제에 대해 단서를 얻을 수 있다.

다음 단계에서는 문장완성검사 프로토콜에서 반복되는 문장 혹은 단어를 찾아본다. TAT와 마찬가지로 문장에 대한 반응에서 반복되는 내용, 단서, 사고 과정을 찾아내어 개인의 행동에 관한 가설을 세우는 것이 가장 흔히 사용되는 내용 분석 방법이다. 내용 분석은 영역 혹은 주제별 해석 방식이라고 볼 수 있다. 이 방식은 해당 영역에 따라 수검자의 성격, 태도, 행동을 의식적 수준에서 분석할 수 있다. 주로 아버지, 어머니에 대한 태도, 가족에 대한 태도, 여성에 대한 태도, 남성에 대한 태도, 이성과 결혼 생활에 대한 태도, 대인 관계에 관한 지각, 권위적인 인물에 대한 태도, 두려움에 대한 태도, 죄책감에 대한 태도, 자기 능력에 대한 태도, 과거에 대한 지각, 미래에 대한 지각, 목표에 대한 태도 등이 이 분석에 포함된다. 이를 통해 가족, 대인관계, 자기 개념, 문화, 직업, 여가에 대한 흥미, 기분, 특성, 가치, 주의 및 정서 문제, 성적인 적응, 열망, 성취 및 목표, 환경, 경제, 건강 문제 등을 추론해볼 수 있다.

또한 문장완성검사 반응에서 수검자가 몰두하는 가치가 심미안적인지, 경제적인지, 정치적인지, 종교적인지, 사회적인지, 비현실적인지 등이 드러날 수 있다. 이를 통해 평상시 수검자의 사고방식, 삶에 대한 관점과 태도를 알 수 있다. 열망과 성취를 위한 노력을 하고 명확하게 목표를 지각하는 것은 사회적 성숙 정도를 나타낸다. 일과 직업에 대한 태도는 사회적 적응에 대한 정보를 제공해 준다. 일을 하는 것을 좋게 여기지 않거나 심지어 성인임에도 불구하고 일을 하지 않으려는 태도를 가지고 있다면 사회적 발달 측면에서 볼 때 미성숙하고 의존적인 태도를 암시할 수 있다. 성인 문장완성검사에서 소망적 사고가 과도하게 드러나거나 자신은 노력하지 않으면서 힘과 권위를 얻기를 바라는 허황된 공상이 표현되고 있다면 성격적 미성숙을 반영할 수 있다. 반사회적 수단을 통해 부와 관련을 얻는 공상이 드러난다면 반사회적 성격을 암시할 수 있다.

직업이나 다른 관심사, 갈망, 야망을 풍부하게 표현하고 있다면 직업 상담에 활용할 수도 있고 심리치료를 한다면 치료 동기가 높은 수검자일 가능성이 높다. 그러나 삶의 흥미가 좁고 왜곡되어 있고 너무나 개인적 문제에만 집중하고 있고 자신이 속한 집단, 지역사회, 세상의 문제에 관심이 없다면 자기중심적이고 자기초점화되어 있다고 볼 수 있다. 직업적 흥미가 명확하지 않고 잠재적으로 수검자가 도달하기 어렵고 획득하기 어려운 것을 표현하고 있다면 사회적, 정서적 부적응의 증거로 봐야 할 것이다.

정서장애나 다른 심리 장애를 나타내는 미묘한 징후를 파악하는 것은 특별한 훈련과 경험을 요한다. 그런 문제는 정신병리를 잘 알아야 파악할 수 있다. 예컨대 특정 생각에 과도하게 몰두하는 것이라든지, 보속증 반응을 보인다든지, 매우 기이한 표현을 쓴다든지, 부적절하고 비논리적인 표현을 보인다면 정신병적 상태를 나타낼 수 있다. 같은 맞춤법 오류라도 어떤 경우는 수검자의 교육 수준을 나타낼 수도 있고 어떤 경우에는 주의가 산만하고 혼란스러운 상태를 반영할 수도 있다. 따라서 프로토콜 전체를 재빨리 훑어보면서 문항 반응 내용뿐만 아니라 형식적 측면에서 어떤 고려할 만한 사항이 발견되면 주의 깊게 해석에 참조해야 한다.

■ 성격 평정 체크리스트 (Rohde, 1956) ■

아래 기술된 행동 반응을 읽고 검사 동안에 관찰한 내용을 토대로 수검자의 행동 및 성격 특성을 분석해 본다.

- 수검자의 학교 공부(학교생활)는 어떤가(아동, 청소년, 대학생의 경우)?
- 수검자는 뭔가 가치 있는 것을 성취하려고 애를 쓰는가?
- 수검자는 어떤 것을 이루기 위해 반복적으로, 그리고 지속적으로 강도 높게 노력하는가?
- 수검자는 성취감을 통해 자존감을 얻고 싶어 하는가?
- 수검자는 성취한 것에 대해 누군가 알아주고 주목해 주기를 바라는가?
- 수검자는 어떤 행동이나 주목을 끄는 행동을 통해 자신을 드러내 보이려고 하는가?
- 수검자의 야망, 이상적인 목표, 포부는 어떤 것인가?
- 수검자는 어려운 목표를 향해 직접적인 노력을 하고 있는가?
- 수검자는 장애나 약점을 극복하려고 노력하고 있는가?
- 수검자는 불안이나 두려움을 극복하려고 애를 쓰는가?
- 수검자는 자신을 신체적 혹은 언어적으로 방어할 수 있는가?

- 수검자는 별것 아닌 자극에 대해 예민해하고 싸울 태세를 취하고 있는가?
- 수검자는 자주 거짓말을 하는가?
- 수검자는 자신의 잘못을 인정하지 않으려는 태도를 보이고 있는가?

- 수검자는 자신을 옹호하기 위해 변명을 하고 있는가?

- 수검자는 실패를 반복하는 것을 피하고 있는가?

- 수검자는 거절을 두려워하는가?

- 수검자는 수줍어 보이고 위축되어 있는가?

- 수검자는 앞으로 나가는 것을 주저하는가?

- 수검자는 낯선 사람이나 비판적인 사람을 피하려고 하는가?

- 수검자는 자신을 잘 드러내지 않고 뒤에 가만히 있는 사람인가?

- 수검자는 자신의 생각이나 행동을 숨기고 고독을 추구하는가?

- 수검자는 누군가 쳐다보는 것을 싫어하고 혼자 조용히 있는 것을 선호하는 편인가?

- 수검자는 이성에 대해 흥미를 어느 정도 갖고 있는가?

- 수검자는 이성에 대해 다가가고 공감을 표현하는가?

- 수검자는 이성과 같이 있는 것을 편하게 생각하고 즐기는 편인가?

- 수검자는 비정상적인 성적인 취향을 가지고 있는가?

- 수검자는 친구가 많은가, 적은가, 거의 없는가?

- 수검자는 타인에게 호의와 애정을 보이는가?

- 수검자는 타인에게 즐거움을 주는 활동을 하는가?

- 수검자는 타인을 신뢰하고 있는가?

- 수검자는 타인과 좋은 느낌을 주고받을 수 있는가?

- 수검자는 배타적이고, 거만하고, 교만하며 타인을 조롱하는 유형인가?

- 수검자는 남을 깔보고 비판적이고 쉽게 기분이 상하고 짜증을 내는가?

- 수검자는 냉담하고 무관심한 유형인가?

- 수검자는 타인의 눈물과 고통에 마음이 움직이는 사람인가?

- 수검자는 타인을 포용하고 지지하는 사람인가?

- 수검자는 타인을 돕는데 시간과 에너지를 할애하는 사람인가?

- 수검자는 자주 참담한 기분을 느끼고 늘 피곤하며 걱정이 많은 상태인가?

- 수검자는 사랑과 이해심을 갈망하고 있는가?

- 수검자는 우울해 보이는가?

- 수검자는 자살 생각을 갖고 있는가?

- 수검자는 병적으로 불안해 보이는가?

- 수검자는 자주 백일몽에 빠지고 지나치게 집착하는 것처럼 보이는가?

- 수검자는 숫자를 기계적으로 세거나 어떤 움직임을 반복하면서 강박 행동을 하는가?

- 수검자는 자신의 불행을 이용하여 타인의 관심을 얻으려고 하고 지나치게 매달리는가?

- 수검자는 지적인 호기심을 어느 정도로(약간, 많이, 거의 안 보임) 보이고 있는가?

- 수검자는 다양한 정보를 모으고 배우려고 하는가?

- 수검자는 일을 통해 돈을 얻고 물질적인 것을 획득하려고 하는가?

- 수검자는 돈을 얻기 위해 내기를 하거나 게임을 하는가?

- 수검자는 매우 타산적인 사람인가?

- 수검자는 잘못된 행동에 대해 사과를 하는 편인가?

- 수검자는 신중하고 염려하는 유형인가?

- 수검자는 죽음이나 질병에 대해 과도한 염려를 하고 있는가?

- 수검자는 타인에게 보복하려 하거나 상해를 주려고 하는가?

- 수검자는 타인을 비난하고 업신여기고 처벌하려고 하는가?

- 수검자는 성질을 부리고 분노하고 소리를 지르고 싸우기를 즐겨하는가?

- 수검자는 수동적이고 겸손하고 낮은 자세를 취하는가?

- 수검자는 패배적이고 희생적이고 스스로 피해를 받게끔 행동하고 있는가?

- 수검자는 자기 경멸, 자기 비난을 보이고 있는가?

- 수검자는 주도권을 가지고 해야 할 일을 결정하는가?

- 수검자는 타인에게 지시를 내리고 타인을 조종하려고 하는가?

- 수검자는 타인을 이용하려고 하는가?

- 수검자는 타인, 특히 윗사람이 원하는 바를 잘 따르는 편인가?

- 수검자는 자신보다 경험이 더 많은 사람의 지도력을 받아들이는가?

- 수검자는 윗사람의 말을 잘 듣고 존중하는 사람인가?

- 수검자는 관습이나 규칙과 상관없이 자신이 좋아하는 것을 하는가?

- 수검자는 하루 일과를 엄격하게 따르는 것을 싫어하는 유형인가?

- 수검자는 권위적인 인물과 논쟁하고 반항하는가?

- 수검자는 완고한가?

- 수검자는 독립을 추구하는가?

- 수검자는 책임을 피하려고 하는가?

- 수검자는 변화와 모험을 꾀하고 열린 장소를 좋아하는가?

- 수검자는 자기 연민에 빠져 있는가?

- 수검자는 우월감, 과대망상을 보이는가?

- 수검자는 주변 사람들에게 주목을 받고 싶어 하고 칭찬을 과도하게 요구하는가?

- 수검자는 지나치게 과민하고 무시와 업신여김에 취약한가?

- 수검자는 지나치게 수줍음을 보이고 피해망상을 보이는가?

- 수검자는 자기가 소유한 것에 과도하게 집착하는가?

- 수검자는 어떤 것을 과도하게 수집하고 지나치게 인색한 유형인가?

- 수검자는 뭔가 만들고 생산하는 것을 좋아하는가?

- 수검자는 어떤 것을 통합된 전체로 조직화하는 것을 좋아하는가?

- 수검자는 새로운 친구를 만나고 새로운 유행을 따라가는 것을 좋아하는가?

- 수검자는 모험과 흥분을 추구하는가?

- 수검자는 기분 변화가 자주 나타나는가?

- 수검자는 일과 놀이, 먹기, 휴식하기를 규칙적으로 하고 있는가?

- 수검자는 자주 분노, 두려움, 수치심, 실망감을 보이는가?

- 수검자는 사소한 자극에도 쉽게 혼란을 보이는가?

- 수검자는 쉽게 흥분하고 기분이 들쭉날쭉하고 있는가?

- 수검자는 심사숙고하지 않고 말하는가?

- 수검자는 충동을 억제하는 것을 어려워하는가?

- 수검자는 행동하기 전에 심사숙고를 하는가?

- 수검자는 생각과 행동을 잘 조율하는가?

- 수검자는 실제적인 면에 관심을 보이는가?

- 수검자는 돈과 특권에 중요성을 부여하고 있는가?

- 수검자는 예술적인 것과 아이디어에 가치를 두는가?

- 수검자는 즉각적 행동을 하기보다는 깊이 생각하는 것을 즐기는가?

- 수검자는 구체적인 사실이나 물리적인 조건에 의해 쉽게 마음이 움직이는가?

- 수검자는 방법론적이고 정확하고 기계적인 것을 선호하는가?

- 수검자는 감정이나 직관에 의해 움직이는가?

- 수검자는 지속성, 끈기, 인내심을 가지고 있는가?

- 수검자는 가정에서 규칙적이고 안정적인 양육을 받고 있는가, 아니면 열등하고 변덕스러운 부모로부터 안정되지 못한 환경을 제공받고 있는가?

- 수검자의 부모는 지배적이고 강압적이고 너무 지나치게 세심한가?

- 수검자는 아버지나 어머니로부터 심하게 거부를 받았는가?

- 수검자의 형제, 자매 간에 질투나 경쟁심이 있는가?

3) 형식적 분석

형식적 분석은 문장 구조나 구문, 문법, 언어 유창성, 철자, 마침표, 생략, 지우기, 상동증(stereotypy)적 표현 등을 살펴보는 것이다. 글씨체나 가독성도 여기에 포함된다. 문장이 매우 단편적이고 단문으로 되어 있는 경우 검사 동기 부족과 낮은 지능, 언어 표현력의 부족 등을 추론해볼 수 있다. 사용된 어휘나 철자, 맞춤법 수준을 통해 아동, 청소년이라면 인지 발달과 지적 능력을 가늠해볼 수 있다. 생략된 문장이 많다면 부주의하거나 방어적인 태도를 예상해볼 수 있다. 형식적 분석은 문장완성검사 프로토콜을 처음 훑어보면서 눈에 띄는 부분을 포착할 수 있으며 여기서 받은 인상을 나머지 분석 과정에서 검증을 해나갈 수 있다.

프로토콜을 읽다 보면 눈에 띄는 문항과 내용들이 드러나기 마련이다. 간혹 청소년이나 성인 가운데 아동기 경험이나 과거 기억을 현재 시제로 쓰는 사람들이 있는데, 이것은 의존적이고 정서적으로 미성숙한 것을 드러낸다. 지적 장애가 있는 사람들도 과거 이야기를 현재 시제로 쓰기도 한다. 가끔씩 권위상에 대한 불편감이나 도전 의식으로 인해 성인이지만 청소년 같은 태도를 드러내기도 한다.

보속증(perseveration)은 정신장애나 언어적 무능함, 혹은 집착의 지표가 되기 때문에 형식적 측면에 해당되지는 않는다. 언어적 개념이 부족해서 같은 단어를 기계적으로 반복하는 것은 보속증과는 다르다. 반면 보속증적 반응은 정서 장애나 기질적 뇌 손상의 증거가 될 수 있다.

4) 내용 및 주제 분석

문장완성검사에 기술된 문장 내용 및 주제를 바탕으로 수검자의 사례를 분석하는 것은 가장 많이 사용되고 있는 접근법이다. 이 방법은 문장완성검사에 표현된 수검자의 열망, 흥미, 태도, 기분, 가치 혹은 다른 분명한 성격 특성이 의식적으로 표현된 것을 탐색하는 것이다. 예를 들면 간단하면서도 뭔가 울림을 주는 반응을 전체 프로토콜에서 발췌하여 살펴보면 현재 가정생활, 야망, 좌절, 사회적, 종교적 특징 등 수검자의 중요한 특성이 압축, 요약될 수 있다. 내용 및 주제 분석을 할 때 다음의 분석표를 사용하여 해석하면 유용한 정보를 얻을 수 있다. SCT 문장완성검사(아동/청소년/성인) 분석표는 다음과 같다.

SCT-C는 크게 자기, 가족, 타인 및 세상, 행복/꿈/욕구, 학업, 부정적 감정과 스트레스 반응으로 영역을 나누어 분석할 수 있다. 각 영역과 주제별로 해당되는 번호와 문장을 다음 표에 제시하였다. 자기 영역에서는 자신의 강점과 약점, 자기 개념을 요약할 수 있다. 가족 영역에서는 엄마, 아빠, 형제, 자매에 대해 아동이 지각하고 있는 것을 측정할 수 있게끔 되어 있다. 세상 영역에서는 아동에게 중요한 또래 관계, 친구, 선생님 등에 대한 지각을 측정할 수 있다. 행복/꿈/욕구 영역에서는 아동이 갖고 있는 행복, 꿈, 욕구에 대한 주제를 요약할 수 있다. 학업 영역에서는 공부와 학교생활에 대한 주제가 들어가며, 부정적 감정과 스트레스 반응 영역에서는 두려움, 걱정, 슬픔, 스트레스 반응과 같은 주제가 들어가 있다. 각 영역에 해당되는 주제별로 내용을 분석한 다음 큰 영역에 맞게 수검자의 지각과 태도를 해석할 수 있다.

하단의 요약 부분에서는 인지, 정서, 행동, 가족 및 대인관계 태도로 영역을 나누어 수검자의 특성을 요약 기술한다. 세부적으로 살펴보면 인지 영역에서는 자기지각, 타인지각, 미래 지각을 요약 기술한다. 정서 부분에서는 핵심 정서와 갈등, 정서 갈등을 요약 설명한다. 행동 면에서는 문제가 되는 행동, 부정적 감정과 스트레스 반응 양식을 기술한다. 가족 및 대인 관계 영역에서는 가족과 또래관계, 선생님과의 관계 등 주변 인물에 대한 태도를 기술한다.

[그림 2] SCT-C 내용 및 주제 분석틀

SCT-C 아동 문장완성검사 분류표

학교명 / 학년 _____

이름 / 성별 _____

영역	주제	문항 번호	제시된 문장	해석
자기 (5)	강점	7	내가 제일 잘하는 것은	
	약점	15	내가 제일 못하는 것은	
		20	고치고 싶은 나쁜 습관은	
	자기개념	5	나는	
		21	내가 만일	
가족 (5)	엄마	25	우리 엄마는	
	아빠	17	우리 아빠는	
	형제 자매	24	우리 언니/오빠/누나/형/동생은	
	가족 분위기	1	우리 가족은	
		6	우리 아빠와 엄마는	
타인 및 세상 (7)	친구	3	내가 가장 좋아하는 친구는	
		4	여자애들은	
		10	남자애들은	
		16	내가 가장 싫어하는 친구는	
	타인	9	내가 가장 좋아하는 선생님은	
		11	담임 선생님은	
		28	내가 가장 좋아하는 사람은	

[그림 2] SCT-C 내용 및 주제 분석틀(계속)

영역	주제	문항 번호	제시된 문장	해석
행복/꿈/ 욕구 (5)	행복	2	내가 가장 행복할 때는	
	꿈	27	내가 이루고 싶은 소원은	
		30	이 다음에 크면	
	욕구	22	내가 좋아하는 놀이는	
		29	가장 갖고 싶은 것은	
학업 (3)	공부	19	공부하는 것은	
	학교생활	14	학교생활은	
		26	아침에 학교에 갈 때	
부정적 감정과 스트레스 반응 (5)	두려움	18	내가 가장 무서워하는 것은	
	걱정	13	가장 걱정되는 것은	
	슬픔	12	나를 슬프게 하는 것은	
	스트레스 반응	8	나를 가장 화나게 하는 것은	
		23	기분이 나쁠 때 나는	

[그림 2] SCT-C 내용 및 주제 분석틀(계속)

요약

1. 인지(인지 삼제)

- 자기에 대한 태도: _____
- 세상에 대한 태도: _____
- 미래에 대한 태도: _____

_____

2. 정서(핵심 정서와 갈등, 정서 강도 등)

_____
_____
_____
_____

3. 행동(부정적 감정과 스트레스 반응, 대처 방식 등)

_____
_____
_____
_____

4. 가족 및 대인관계

- 가족에 대한 태도: _____
- 대인지각: _____

_____
_____

5. 기타(꿈, 욕구, 학교생활 등)

_____
_____
_____
_____

서울 마포구 동교로 18길 20 마인드포레스트빌딩
Tel | 02-330-5133   Fax | 02-324-8200
홈페이지 www.inpsyt.co.kr

inpsyt 인싸이트
Insight of psychology
심리검사연구소

SCT-A의 내용 분석틀은 SCT-C와 마찬가지로 크게 자기, 가족, 타인 및 세상, 행복/꿈/욕구, 학업, 부정적 감정과 스트레스 반응으로 구성되어 있다. 각 영역과 주제별로 해당되는 번호와 문장을 아래 표에 제시하였다. 자기 영역에서는 자신의 강점과 약점, 자기 개념을 요약할 수 있다. 청소년 시기는 가족에 대한 분위기나 태도가 어느 정도 형성되는 시기이기 때문에 가족 영역에서는 SCT-C의 엄마, 아빠, 형제, 자매 외에 가족 분위기 주제가 포함되었다. 타인 및 세상 영역에서는 SCT-C보다는 범위를 넓혀 친구, 선생님 외에 세상과 타인, 권위상이 추가되었다. 청소년 시기는 부모와 탈동일시하는 시기로 모델링하고 싶은 인물에 대한 관심이 생기는 시기이다. 또한 선생님과 어른들과 같은 권위상에 대한 불만이 표출되는 시기이므로 세상과 타인, 권위상과 관련된 반응 내용을 통해 청소년 수검자의 세상과 타인에 대한 태도, 권위상과의 갈등을 파악해볼 수 있다. 행복/꿈/욕구 영역에서는 청소년들이 가지고 있는 행복, 꿈, 욕구에 대한 주제를 파악하고 요약할 수 있다. 학업 영역에서는 아동과 마찬가지로 공부와 학교생활에 대한 주제가 들어가 있다. 마지막으로 부정적 감정과 스트레스 반응 영역에서는 아동과 마찬가지로 두려움, 걱정, 슬픔, 스트레스 반응과 같은 주제가 들어가 있다. 각 영역에 해당되는 주제별로 내용을 분석한 다음 큰 영역에 맞게 수검자의 지각과 태도를 해석할 수 있다.

[그림 3] SCT-A 내용 및 주제 분석틀

SCT-A 청소년 문장완성검사 분류표

학교명 / 학년

이름 / 성별

영역	주제	문항 번호	제시된 문장	해석
자기 (9)	강점	12	내가 가장 잘하는 것은	
	약점	10	친구들이 잘 모르는 나의 단점은	
		40	고치고 싶은 나쁜 습관은	
	자기 개념	3	나는	
		18	내 외모는	
		32	나 자신이 가장 자랑스러운 때는	
		33	친구들은 나에 대해	
		34	부모님은 나에 대해	
		35	내가 만일	
가족 (8)	엄마	5	우리 엄마는	
		25	엄마와 나는	
	아빠	14	우리 아빠는	
		26	아빠와 나는	
	형제 자매	24	우리 언니/오빠/누나/형/동생은	
	가족 분위기	1	어렸을 때 우리 집은	
		11	우리 가족은	
		8	집에 있을 때 나는	

[그림 3] SCT-A 내용 및 주제 분석틀(계속)

영역	주제	문항 번호	제시된 문장	해석
타인 및 세상 (9)	친구	2	친구들은	
		39	내가 제일 좋아하는 친구는	
		4	여자애들은	
		27	남자애들은	
	타인	22	내가 가장 싫어하는 사람은	
		28	내가 가장 본 받고 싶은 사람은	
	세상	38	세상은	
	권위상	7	선생님들은	
		17	어른들은	
행복/꿈/ 욕구 (7)	행복	9	나를 가장 즐겁게 하는 것은	
		30	내가 제일 행복할 때는	
	꿈	31	이다음에 크면	
		36	나의 미래는	
	욕구	6	내가 가장 갖고 싶은 것은	
		13	내가 사랑받는다고 느낄 때는	
		29	내가 돈을 번다면	
학업 (2)	공부	20	공부하는 것은	
	학교생활	15	나의 학교생활은	
부정적 감정과 스트레스 반응 (5)	두려움	16	내가 가장 두려워하는 것은	
	걱정	21	요즘 제일 걱정이 되는 것은	
	슬픔	19	나를 슬프게 하는 것은	
	스트레스	23	짜증이 날 때 나는	
	반응	37	내가 가장 화가 날 때는	

[그림 3] SCT-A 내용 및 주제 분석틀(계속)

요약

1. 인지(인지 삼제)

• 자기에 대한 태도: _____

• 세상에 대한 태도: _____

• 미래에 대한 태도: _____

_____

2. 정서(핵심 정서와 갈등, 정서 강도 등)

_____
_____
_____
_____

3. 행동(부정적 감정과 스트레스 반응, 대처 방식 등)

_____
_____
_____
_____

4. 가족 및 대인관계

• 가족에 대한 태도: _____

• 대인지각: _____

_____
_____

5. 기타(꿈, 욕구, 학교생활 등)

_____
_____
_____
_____

서울 마포구 동교로 18길 20 마인드포레스트빌딩
Tel | 02-330-5133   Fax | 02-324-8200
홈페이지 www.inpsyt.co.kr

Insight of psychology
inpsyt 인싸이트
심리검사연구소

SCT-C와 마찬가지로 하단 요약 부분에서는 인지, 정서, 행동, 가족 및 대인관계로 구분하여 위 영역에 기술된 내용을 토대로 간략하게 적는다. 세부적으로 살펴보면 인지 영역에서는 자기지각, 타인지각, 미래 지각을 요약한다. 정서 부분에서는 핵심 정서와 갈등, 정서 갈등을 요약 설명한다. 행동 면에서는 문제가 되는 행동, 부정적 감정과 스트레스 반응 양식을 기술한다. 가족 및 대인 관계 영역에서는 가족과 타인, 권위상 등 주변 인물에 대한 태도를 기술한다.

[그림 4] SCT 내용 및 주제 분석틀

SCT 성인 문장완성검사 분류표

이름 / 성별

영역	주제	문항 번호	제시된 문장	해석
자기 (8)	강점	33	내 자신이 가장 자랑스러운 때는	
	약점	3	남들이 잘 모르는 나의 단점은	
		48	바꾸고 싶은 나쁜 습관은	
	자기 개념	4	나의 외모는	
		10	나는	
		14	주변 사람들은 나에 대해	
		34	가족들은 나에 대해	
		35	내가 만일	
가족 (7)	엄마	16	우리 엄마는	
		36	엄마와 나는	
	아빠	7	우리 아빠는	
		18	아빠와 나는	
	형제 자매	40	내 형제, 자매는	
	가족 분위기	1	어렸을 때 우리 가족은	
	자녀	12	아이를 키운다는 것은	
타인 및 세상 (8)	친구	9	나에게 좋은 친구는	
	여성/남성	2	대부분의 여자들은	
		5	내가 바라는 남성상/여성상은 (예, 남성일 경우 여성상을 기술)	
		24	대부분의 남자들은	
	타인	15	내가 싫어하는 사람은	
		21	대부분의 사람들은	
	세상	30	세상은	
	권위상	38	대부분의 윗사람들은	

[그림 4] SCT 내용 및 주제 분석틀(계속)

영역	주제	문항 번호	제시된 문장	해석
꿈/ 욕구/가치 (7)	꿈	47	내가 꼭 이루고 싶은 꿈은	
	욕구	43	내가 행복하려면	
		44	지금 나에게 필요한 것은	
		29	직업을 갖는 것은	
		46	돈은	
	가치	6	무엇보다 가치가 있는 일은	
		22	내 인생에서 가장 중요한 것은	
시간조망 (6)	과거	17	나의 학창 시절은	
		31	어렸을 때 나는	
		37	내 삶에서 가장 행복했던 때는	
		39	내 삶에서 가장 슬픈 기억은	
	미래	32	나의 미래는	
		41	나이가 더 들면	
부정적 감정과 스트레스 대처 방식 (7)	두려움	8	내가 두려워하는 것은	
	불안	20	나를 가장 불안하게 하는 것은	
	화	13	나를 가장 화나게 하는 것은	
	후회, 부러움	27	살아오면서 가장 후회되는 것은	
		28	내가 가장 부러워하는 것은	
	스트레스 반응	23	나를 가장 힘들게 하는 것은	
		25	원하던 일이 잘 풀리지 않으면	
사랑, 성, 결혼 (4)	사랑	11	내 삶에서 사랑은	
	성/결혼	42	성에 대한 관심(성생활)은	
		19	이성과 함께 있으면	
		26	결혼(결혼생활)은	
건강, 죽음, 영성 (3)	건강과 죽음	45	나의 건강은	
		50	죽는다는 것(죽음)은	
	영성	49	내가 믿는 신(종교)은	

[그림 4] SCT 내용 및 주제 분석틀(계속)

요약

1. 인지(인지 삼제)

- 자기에 대한 태도: _____

- 세상에 대한 태도: _____

- 미래에 대한 태도: _____

_____

2. 정서(핵심 정서와 갈등, 정서 강도 등)

_____

_____

_____

3. 행동(부정적 감정과 스트레스 반응, 대처 방식 등)

_____

_____

_____

4. 가족 및 대인관계

- 가족에 대한 태도: _____

- 대인지각: _____

_____

5. 기타(사랑, 성, 결혼, 가치, 목표, 꿈, 욕구, 건강, 종교 등)

_____

_____

_____

서울 마포구 동교로 18길 20 마인드포레스트빌딩
Tel | 02-330-5133   Fax | 02-324-8200
홈페이지 www.inpsyt.co.kr

Insight of psychology
inpsyt 인싸이트
심리검사연구소

성인 SCT는 자기, 가족, 타인 및 세상, 꿈/욕구/가치, 시간 조망, 부정적 감정과 스트레스 대처 방식, 사랑/성/결혼, 건강/죽음/영성 영역으로 구성된다. 자기 영역에서는 아동, 청소년 SCT와 마찬가지로 자신의 강점과 약점, 자기 개념을 요약할 수 있다. 가족 영역에서는 청소년 SCT와 마찬가지로 엄마, 아빠, 형제, 자매 외에 가족 분위기 주제가 들어가 있다. 타인 및 세상 영역에서는 친구, 여성/남성/이성상, 타인, 세상, 권위상에 대한 주제가 추가되었다. 타인 및 세상 영역에서 아동, 청소년 SCT와 다른 점으로는 이성상이 추가되었다는 점이다. 꿈/욕구/가치 영역에서는 수검자가 갖고 있는 꿈, 욕구, 가치에 대한 주제를 파악하고 요약할 수 있다. 시간 조망 영역에서는 과거, 미래에 대한 조망이 주제로 들어가 있다. 부정적 감정과 스트레스 대처 방식 영역에서는 두려움, 불안, 화, 후회/부러움, 스트레스 반응 주제가 들어가 있다. 성인은 아동 및 청소년에 비해 더 오래 살아온 만큼 감정의 깊이와 넓이가 다양하고 복잡하다고 볼 수 있다. 따라서 이 영역에서는 성인 수검자가 느끼는 복잡 미묘한 감정을 평가할 수 있다. 사랑/성/결혼 영역은 SCT-C와 SCT-A에는 없는 것으로 성인 수검자가 자신의 삶에서 경험한 사랑, 성, 결혼에 대한 생각을 알아볼 수 있다. 마지막 영역인 건강/죽음/영성 영역도 성인 SCT에만 있는 것으로 건강과 죽음, 영성에 대한 주제가 들어가 있다. 특히 건강과 죽음에 대한 주제는 신체적 쇠약감이 나타나기 시작하는 중년 이후 수검자들에서 중요한 주제로, 건강 이상을 겪는 사람들의 경우 죽음에 대한 불안, 두려움 등으로 표현될 수 있다. 나아가 노년기 수검자의 경우에도 죽음을 어떻게 수용하고 지각하는지와 영적인 태도 등이 인생의 후반기 삶의 질과도 연관되는 중요한 부분이다.

각 영역에 해당되는 주제별로 수검자의 지각과 태도를 기술하여 해석에 이용한다.

요약에서는 SCT-C(아동), SCT-A(청소년)와 마찬가지로 인지, 정서, 행동, 가족 및 대인관계, 기타 영역으로 구분하여 기술한다. 세부 영역을 살펴보면 인지 영역에서는 자기 지각, 타인 지각, 미래 지각을 요약한다. 정서 부분에서는 핵심 정서와 갈등, 정서 갈등을 요약 설명한다. 행동 면에서는 문제가 되는 행동, 부정적 감정과 스트레스 반응 양식을 기술한다. 가족 및 대인 관계 영역에서는 가족과 타인, 권위상 등 주변 인물에 대한 태도를 기술한다. 기타 영역에서는 사랑, 성, 결혼, 가치, 목표, 꿈, 욕구, 건강, 종교 관련 특이 사항을 요약 기술한다.

2. 부가적인 분석 : 역동적인 분석

문장완성검사는 형식적 분석과 내용 및 주제 분석만으로 충분한 가치가 있다. 현장에서 일하는 대부분의 임상심리 전문가들도 형식적 분석과 내용 분석 위주로 분석을 하고 있다. 하지만 조금 더 심층적인 분석에 관심이 있는 임상가라면 역동적인 측면을 고려해서 질적인 해석을 할 수 있다. 역동적 분석은 앞 장에서 서술한 바와 같이 머레이의 욕구 이론을 토대로 분석표를 제시하였다.

[역동적 분석표]

주요 욕구	유 무	가 설
순응, 자기 비하		
성취		
획득		
소속		
공격성: 언어적, 신체적		
자율성: 자유		
비난 회피		
호기심		
반작용, 반동형성		
창조성		
자존감, 자긍심		
존중, 흠모		
지배성		
전시, 표현		
설명하기		
위험 회피		
열등 회피		

주요 욕구	유 무	가 설
양육		
조직화		
수동성		
유희		
인정		
거부, 경멸		
보유		
격리, 고립		
감각		
성: 성도착, 색정광		
의존성		
탐색		
내적 상태 및 특징		
불안, 걱정, 두려움		
증오, 후회, 수치심		
공상: 자폐, 꿈, 망상		
낙관주의		
비관주의		
자기애		
초자아		
병리적 언어: 독특하고, 기이하고, 기태적, 반향어, 신조어,		
사고 장애: 무쾌, 차단, 보속증, 상동증, 부적절, 비일관성,		
환경적 압력		
가정적		
경제적		
사회적		
역동 분석 요약		

10장
인싸이트 문장완성검사 사례

　　많은 정신건강 전문가들은 어떤 특별한 이론이나 지침을 따르기보다는 경험적인 방식으로 문장완성검사를 사용하는 것을 선호하고 있다. 문장완성검사는 규준 자료가 제시되는 객관적 검사와는 달리 내용 위주의 질적인 분석을 주로 하기 때문에 검사자의 주관적인 인상이 작용할 때가 많다. 임상 및 상담 장면에서 수검자의 성격 특성과 병리를 파악하기 위해서는 여느 심리 검사와 마찬가지로 정신병리에 대한 지식이 필수적이다. 예를 들어 우울증 환자의 문장완성검사를 해석하려면 우울증의 진단 기준과 임상적 특징 등 정신병리 지식을 알고 있어야 문장완성검사에서 표현된 우울증의 특성을 잘 이해할 수 있을 것이다. 본 장에서는 대표적인 심리 장애의 특성과 문장완성검사 반응을 기술하였다.

1. 우울증과 문장완성검사

　　우울증은 정신건강 문제 중에서 가장 흔히 나타나는 현상이다. 임상적으로 주요 우울증(Major Depressive Disorder)이라고 진단 내릴 정도가 되면 우울한 기분이 2주 이상 지속될 뿐만 아니라 짜증, 강박적 반추, 불안, 공포증, 지나친 걱정, 신체적 문제가 공존하는 경우가 많다. 또한 무쾌감증, 죄책감, 흥미 부족, 절망감과 같은 감정이 자주 나타난다. 인지 과학에서는 우울 증상의 정보 처리 과정의 중요성을 강조한다. 인지 이론에 따르면 인지적 편향, 즉 부정적으로 편향된 인지가 임상적 우울의 핵심적인 과정이라고 보고 있다. 특히 인지치료를 만든 벡Beck은 '자기', '세상', '미래'에 대한 부정적인 인지 삼제(cognitive triad)가 우울증의 핵심이라고 보고 있다. 즉 우울한 사람들은 자신에 대해 부정적이고, 세상에 대해 적대적인 시각을 갖고 있고, 미래에 대해서도 비관적인 전망을 가지고 있다. 이러한 사고 과정 때문에 어떤 사람들은 작은 스트레스에 대해서 더 우울해진다. 우울한 사람들은 또한 과잉일반화, 확대해석, 축소화, 개인화 등과 같은 인지 오류를 가지고 있다.

우울한 사람들의 생활에 역기능적 인지적 과정이 관여한다는 개념적 틀을 마련한 벡Beck은 역기능적 인지 과정이 우울증 발병에 병인론적인 역할을 한다고 주장하였다. 자신과 환경 그리고 미래에 대해 부정적인 관점이 우울증을 더 악화시킨다는 개념적인 틀을 기반으로 이러한 부정적인 관점을 평가하려는 시도들이 있었다. 우울증 위험이 높은 고위험 집단에 벡Beck의 우울척도(BDI)를 사용하여 우울 증상을 알아낼 수 있지만 간혹 애도 반응, 외상후 스트레스 반응, 적응 문제로 인한 부정적인 정서 상태와 혼동하여 우울 증상을 과대평가하거나 과소평가하는 문제가 있었다.

우울 증상은 불안 증상이나 다른 부정적인 정서 상태와 상관이 매우 높기 때문에 자기보고식 검사인 BDI만 가지고 선별하기에는 어려움이 있다. 게다가 자기보고식 검사는 사회적 바람직성(social desirability)에 의해 증상이 축소보고되는 문제가 있다. 문화적 요인에 따라 증상을 과장하거나 축소 보고하는 문제는 자기보고식 검사에서 흔히 발견되는 현상이다. 문화적 요인 외에도 의지적인 문제, 즉 치료 동기 수준에 따라 증상을 객관적으로 정확하게 보고하기도 하고 그렇지 않을 수도 있다. 한편 자기보고식 검사와 달리 문장완성검사와 같은 투사검사는 모호성이 있기 때문에 우울 증상을 평가하기 위한 질문이 명확하지 않아 방어를 덜 하기도 한다. 문장완성검사는 기존의 BDI나 MMPI 2번 척도, 로샤의 DEPI 점수와 함께 우울한 수검자의 심리적 특성을 파악할 수 있는 좋은 검사 도구이다.

다음은 우울증을 호소하는 30대 여성의 SCT 사례를 제시하고 분석하였다.

문장완성검사 해석 과정을 점검하기 위해 다음과 같이 단계적으로 진행할 수 있다.

1단계	인구 통계학적인 자료와 주호소 문제 검토

F/35 전문대 졸업. 직장을 그만둔 지 2년째 구직 활동 중. 현재 원룸을 얻어 혼자 기거 중.
주호소 문제: 대인 관계, 가족 갈등으로 인한 우울과 외로움.
BDI: 26점(중등도 우울)
MMPI: 2–7 코드 유형

2단계	다음의 프로토콜을 2~3번 정도 정독을 해본다.

〈프로토콜〉

1. 어렸을 때 우리 가족은 — 부모님께서는 일하시느라 바쁘셨고 형제들끼리 놀았고 따로 맡겨지는 일도 있었다.

2. 대부분의 여자들은 — 꾸미는 거 좋아하고, 음식 먹는 거 좋아하고, 자식 사랑이 주특기다.

3. 남들이 잘 모르는 나의 단점은 — 콤플렉스가 많다.

4. 나의 외모는 — 여성스럽지 못하다. 중간보다 못하다. 콤플렉스가 많다.

5. 내가 바라는 남성상/여성상은 — 남성상은 남자다움, 듬직하고, 건강하고 책임감 있는 남자. 여성상은 여성스럽고, 책임감 있고, 능력도 있고 똑부러지는 여성. 지혜로운 여성.

6. 무엇보다 가치가 있는 일은 — 나보다 부족한 사람 또는 도움이 필요한 사람을 돕는 것.

7. 우리 아빠는 — 말이 없으시고 신문만 보신다. 밖에서 인기가 많다. 술을 좋아하신다.

8. 내가 두려워하는 것은 — 대인관계, 사람을 믿는 것, 나의 배우자를 찾는 일, 사람과 의사소통.

9. 나에게 좋은 친구는 — 말하지 않아도 함께 있는 것만으로도 힘이 되고 편안한 사람. 믿을 수 있는 사람.

10. 나는 — 두려움이 많다. 겁이 많다. 도전을 못한다. 좌절을 잘한다. 하지만 막상 한번 일을 시작하면 책임감 있게 일을 잘한다.

11. 내 삶에서 사랑은 — 거짓 같다. 하지만 주위를 보면 진짜 사랑도 있는 것 같다. 따뜻함, 행복을 느끼는 것을 보고 믿음이 생겼다.

12. 아이를 키운다는 것은 — 할 수 있을까? 나도 아이를 키울 수 있으면 아이의 자존감을 높여주고 싶다.

13. 나를 가장 화나게 하는 것은 — 과거의 일이다. 사람을 잘 믿는다. 우유부단한 나.

14. 주변 사람들은 나에 대해 — 고집이 세다. 생각이 많다고 생각할 것이다.

15. 내가 싫어하는 사람은 — 약한 자를 괴롭히고, 법을 어기고 돈이면 전부 다인줄 아는 사람.

16. 우리 엄마는 — 희생적인 사람이다. 불쌍하다. 다독여주고 싶다. 외로운 사람이다.

17. 나의 학창 시절은 — 외로웠다. 공상이 많았다. 생각이 참 많았다. 혼자 있는 걸 좋아했다. 조용했다.

18. 아빠와 나는 — 어색하다. 나를 버리지 않고, 키워준 것이 감사하다. 미워하지만 미워할 수 없는 존재이다. 부모님이기 때문에.

19. 이성과 함께 있으면 — 어색하다. 무슨 얘기를 시작해야 될지 모르겠다.

20. 나를 가장 불안하게 하는 것은 — 나, 자신감 부족, 자존감이 낮은 나.

21. 대부분의 사람들은 — 씩씩하다. 힘들어도 힘든 내색 없이 잘 견뎌내구나. 자존감이 높아 보임.

22. 내 인생에서 가장 중요한 것은 — 자존감, 자신감, 나 자신을 사랑하는 것.

23. 나를 가장 힘들게 하는 것은 — 자신감 없는 나, 자존감 낮은 나.

24. 대부분의 남자들은 — 짐승 같다. 나쁜 생각만 하는 것 같다. 좋은 사람도 있겠지만 좋은 사람 찾기가 어렵다.

25. 원하던 일이 잘 풀리지 않으면 — 좌절, 실망, 회복이 힘들다.

26. 결혼(결혼생활)은 — 희망 사항이다. 미래 계획이 잘 안 세워진다. 할 수 있을까?

27. 살아오면서 가장 후회되는 일은 — 나를 너무 자책하고 나를 미워했었던 일.

28. 내가 가장 부러워하는 것은 — 자존감 높은 사람, 씩씩하고 밝은 에너지를 가진 사람.

29. 직업을 갖는 것은 — 현재는 힘든 일이다. 힘이 들어도 그래도 잘해왔는데 지금은 일을 못하고 있고 일을 못 찾고 있는 내가 안타깝다. 일을 다시 시작하면 잘할 수 있을 것 같은데 직업을 갖는 것은 지금 현재 나에겐 높은 장애물을 뛰어넘는 일과 같다.

30. 세상은 — 참 복잡하고 오묘하지만 그래도 살아볼만한다고, 가치가 있다고 생각했었다. 그러나 지금은 너무 힘이 들어 세상을 사는 것이 어렵게만 느껴진다.

31. 어렸을 때 나는 — 부정적이고, 겁 많고, 뭔가 계속 인생을 바꾸고 싶었고, 외로운 아이였다.

32. 나의 미래는 — 어둡지만 그래도 포기하고 싶지 않다. 밝은 미래를 꿈꾸고 싶다. 몸도 마음도 정신도 건강한 나를 꿈꾼다. 하지만 어떤 때는 모든 것을 다 포기하고만 싶어진다.

33. 내 자신이 가장 자랑스러운 때는 — 좌절해도 그래도 포기하지 않고 도움을 청해서 빠져 나오려고 하는 것이지만 요즘에는 그것도 잘 안된다.

34. 가족들은 나에 대해 — 잘 지내고 있는 줄 안다. 내가 좋아서 독립해서 사는 줄 안다. 외로운 거 알까?

35. 내가 만일 — 정신도 마음도 몸도 건강한 여자였다면 일찍 결혼해서 아들, 딸 낳고 잘 살 수 있었을텐데 많이 안타깝다. 하지만 포기하고 싶지 않다. 지금이라도 긍정적인 삶, 자존감을 높이고 싶다. 자존감이라도 높았다면 덜 불행했을 것이다.

36. 엄마와 나는 — 어렸을 땐 미웠고 싫었다. 지금은 불쌍하고 안타깝고 이해가 된다.

37. 내 삶에서 가장 행복했던 때는 — 엄마 품에 있었을 때, 기억은 안 나지만. 그렇게도 미웠던 가족과 함께 있었을 때가 그래도 행복하지 않았나 싶고 지금은 많이 그립다.

38. 대부분의 윗사람은 — 복종해줬음하고 시키는 거 좋아하고 인정받으려 하고 권력 위세를 많이 떤다.

39. 내 삶에서 가장 슬픈 기억은 — 부모님과 함께한 기억이 잘 없다는 것, 타인을 믿어서 상처를 받은 일이다.

40. 내 형제, 자매는 — 미운 감정이라기보단 무관심했고 무뚝뚝했지만 지금은 이해가 되고 안타깝고 힘든 세상 잘 버티고 살아가는 게 대견하다.

41. 나이가 더 들면 — 정신, 육체적으로 힘들겠지만 계속 노력해서 긍정적인 삶과, 자존감을 높이고 싶다.

42. 성에 대한 관심이(성생활) — 없다. 하지만 결혼을 해야 될 것 같아서 노력해서 긍정적인 생활의 활력소가 되는 성에 대해선 관심을 가지고 싶다.

43. 내가 행복하려면 — 남도 이해하고 나도 이해하고 그만 미워하고 노력하고 자존감 높이고 항상 긍정적이고 밝은 생각을 많이 했으면 좋겠다.

44. 지금 나에게 필요한 것은 — 긍정적인 마음가짐, 나를 믿는 것, 타인을 쉽게 믿지 않고 나를 신뢰하는 것, 가족의 화목, 화해, 대인관계.

45. 나의 건강은 — 더 아프지 않고 건강 관리 잘해서 100세까지 살고 싶다.

46. 돈은 — 사람이 살아가는 데 꼭 필요한 것이지만 지금의 나에게는 상대적 박탈감을 심어준다.

47. 내가 꼭 이루고 싶은 꿈은 — 행복한 가정, 행복한 가족, 행복한 삶을 느끼는 나.

48. 바꾸고 싶은 나쁜 습관은 — 부정적인 생각, 나를 아프게 하고 상처 주는 나쁜 생각, 자존감이 낮고 자존심을 높이려고 한다.

49. 내가 믿는 신(종교)은 — 없다. 하지만 없다거나 부정하고 싶지 않고 긍정적인 생각과 마음을 가진다면 신은 그래도 배신하지 않고 좋은 기운을 주지 않을까 믿고 싶다.

50. 죽는다는 것(죽음)은 — 죽음은 무섭지만 인간이라면 누구나 태어났다면 죽음을 당연히 누구나 죽고 받아들여야 한다고 믿는다. 아직은 죽음이 무섭지만 앞으로는 긍정적인 삶을 살고 싶고 긍정적인 나로 태어나고 이 세상을 하직할 때까지 잘 살고 싶다.

이 수검자의 언어 표현은 매우 풍부하다. 각 문항마다 하나의 문장이 아닌 여러 문장을 나열하는 등 활발한 사고 과정을 보이고 있고 자기에 대한 객관적 인식 수준은 높은 편이다. 그러나 한편으로는 필요 이상으로 장황하게 문장을 나열하고 있어서 인지적 경제성, 효율성이 떨어지는 프로토콜이라고 볼 수 있다. 또한 '자존감이 낮은 나', '행복한 삶을 느끼는 나'와 같이 일인칭 '나'를 반복하여 표현하는 등 지나치게 자기초점화되어 있고 시야가 협소한 상태이다. 전형적인 우울증 환자들은 짤막하게 글을 쓰고 단답식 표현을 많이 보이지만 이 수검자의 경우 우울한 상태에서도 사고가 활발하고 연상 작용이 빨라 이런 인지적 특성으로 인해 과거 직장 실패나 대인관계 실패에 대해 과도하게 몰입하고 반추함으로써 우울 증상이 가중되고 있는 것으로 여겨진다. 주요 우울증 진단을 내릴 정도의 심각한 우울은 아니지만 중등도의 우울감을 보고하고 있는 상태에서도 반응 내용과 표현이 풍부한 것을 볼 때, 평상시 인지적 정보나 정서적 정보를 처리할 때 과도하게 에너지를 들이는 유형이라 불필요한 생각과 감정이 많이 유발될 수 있다.

이 프로토콜에서 2번 이상 반복되는 단어는 '콤플렉스', '자존감', '외로운' 등이다. 수검자 스스로 자신은 콤플렉스가 많고 자존감이 낮은 사람으로 지각하고 있고 정서적으로는 외로운 상태를 표면적으로 가장 많이 호소하고 있다. 주제 및 내용 분석 틀에 따라 수검자의 반응을 분류하여 분석한 표는 다음과 같다.

[표 2] 주제 및 내용 분석표

영역	주제	번호	제시된 문장	해 석
자기 (8)	강점	33	내 자신이 가장 자랑스러운 때는 – 좌절해도 그래도 포기하지 않고 도움을 청해서 빠져나오려고 하는 것이지만 요즘에는 그것도 잘 안된다.	스스로의 강점에 대해서 좌절해도 포기하지 않고 도움을 요청하는 것으로 보고 있지만, 근래 들어 그것도 힘든 상태라고 보고하고 있고 부정적인 생각이 너무 많고 자존감이 낮다고 스스로를 지각하고 있다.
	약점	3	남들이 잘 모르는 나의 단점은 – 컴플렉스가 많다.	
		48	바꾸고 싶은 나쁜 습관은 – 부정적인 생각. 나를 아프게 하고 상처주는 나쁜 생각. 자존감이 낮고 자존심을 높이려고 한다.	
	자기 개념	4	나의 외모는 – 여성스럽지 못하다. 중간보다 못하다. 콤플렉스가 많다.	두려움, 겁이 많다고 스스로 느끼고 있고 열등감도 많고 특히 외모에 대한 콤플렉스가 많다. 가족을 비롯해서 주변 사람들이 자신에 대해 고집이 세고 생각이 많으며 독립적인 사람으로 보고 있지만, 자신은 혼자 있는 것이 외롭고 힘들다고 호소하고 있다. 스스로 몸과 마음이 건강하지 못한 상태라고 지각하고 있고 이로 인해 자존감이 매우 낮다. 하지만 상담을 통해 자존감을 높이고 행복해지고 싶다는 열망을 강하게 표현하고 있다.
		10	나는 – 두려움이 많다. 겁이 많다. 도전을 못한다. 좌절을 잘한다. 하지만 막상 한번 일을 시작하면 책임감있게 일을 잘한다.	
		14	주변 사람들은 나에 대해 – 고집이 세다. 생각이 많다고 생각할 것이다.	
		34	가족들은 나에 대해 – 잘 지내고 있는 줄 안다. 내가 좋아서 독립해서 사는 줄 안다. 외로운 거 알까?	
		35	내가 만일 – 정신도 마음도 몸도 건강한 여자였다면 일찍 결혼해서 아들, 딸 낳고 잘 살 수 있었을 텐데 많이 안타깝다. 하지만 포기하고 싶지 않다. 지금이라도 긍정적인 삶, 자존감을 높이고 싶다. 자존감이라도 높았다면 덜 불행했을 것이다.	
가족 (7)	엄마	16	우리 엄마는 – 희생적인 사람이다. 불쌍하다. 다 독려주고 싶다. 외로운 사람이다.	가족 관계에서 아동기 시절부터 부모와 관계가 소원했던 것으로 여겨진다. 특히 엄마에 대한 부정적인 태도가 강했던 것으로 보이나 나이가 들면서 같은 여성으로서 희생적인 엄마에 대해 연민과 안타까움을 느끼고 있다. 아버지와는 여전히 관계가 소원한 것으로 보여지며, 미움과 동시에 고마움도 느끼는 등 양가적인 감정을 가지고 있다. 어려서부터 부모님으로부터 충분한 보살핌을 받지 못하였던 것으로 여겨지며, 형제 자매들도 각자 사는 것에 몰두하느라 서로 간에 유대감이 약했던 것으로 여겨진다. 부모로부터 안정적인 보살핌을 받지 못해 가족 간의 친밀감이 부족하며 이로 인해 수검자 역시 결혼해서 자녀를 낳고 키우는 것에 대한 회의감과 막연한 불안감을 가지고 있다.
		36	엄마와 나는 – 어렸을땐 미웠고 싫었다. 지금은 불쌍하고 안타깝고 이해가 된다.	
	아빠	7	우리 아빠는 – 말이 없으시고 신문만 보신다. 밖에서 인기는 인기가 많다. 술을 좋아하신다.	
		18	아빠와 나는 – 어색하다. 나를 버리지 않고, 키워준 것이 감사하다. 미워하지만 미워할 수 없는 존재다. 부모님이기 때문에.	
	형제 자매	40	내 형제, 자매는 – 미운 감정이라기보단 무관심했고 무뚝뚝했지만 지금은 이해가 되고 안타깝고 힘든 세상 잘 버티고 살아가는 게 대견하다.	
	가족 분위기	1	어렸을 때 우리 가족은 – 부모님께서는 일하시느라 바쁘셨고 형제들끼리 놀았고 따로 맡겨지는 일도 있었다.	
	자녀	12	아이를 키운다는 것은 – 할 수 있을까? 나도 아이를 키울수 있으면 아이의 자존감을 높여주고 싶다.	

(계속)

영역	주제	번호	제시된 문장	해 석
타인 및 세상 (8)	친구	9	나에게 좋은 친구는 – 말하지 않아도 함께 있는 것만으로도 힘이 되고 편안한 사람, 믿을 수 있는 사람.	사귀던 남자 친구에게서 배신감을 경험하여 타인을 불신하고 상호 호혜적인 관계를 맺는 것에 대해 회의적이다. 권위적인 인물에 대해서도 대부분 권력을 휘두르고 아랫사람을 복종시키는 고압적인 인물로 지각하고 있다. 세상에 대해서 복잡하고 힘들지만 살아갈 만한 가치가 있다고 긍정적으로 보고 있는 것과 동시에 최근 들어 세상 사는 것이 힘들다고 기술하는 등 양가적인 감정과 생각이 많은 상태이다.
	여성/ 남성	2	대부분의 여자들은 – 희생, 꾸미는 거 좋아하고, 음식 먹는거 좋아하고, 자식 사랑이 주특기다.	
		5	내가 바라는 남성상/여성상은 – 남성상은 남자다움, 듬직하고, 건강하고 책임감 있는 남자. 여성상은 여성스럽고, 책임감 있고, 능력도 있고 똑부러지는 여성. 지혜로운 여성.	
		24	대부분의 남자들은 – 짐승 같다. 나쁜 생각만 하는 것 같다. 좋은 사람도 있겠지만 좋은 사람 찾기가 어렵다.	
	타인	15	내가 싫어하는 사람은 – 약한 자를 괴롭히고, 법을 어기고 돈이면 전부 다인줄 아는 사람.	
		21	대부분의 사람들은 – 씩씩하다. 힘들어도 힘든 내색 없이 잘 견뎌내거나 자존감이 높아 보임.	
	세상	30	세상은 – 참 복잡하고 오묘하지만 그래도 살아볼 만한다고, 가치가 있다고 생각했었다. 그러나 지금은 너무 힘이 들어 세상을 사는 것이 어렵게만 느껴진다.	
	권위상	38	대부분의 윗사람들은 – 복종해줬으면하고 시키는 거 좋아하고 인정받으려 하고 권력 위세를 많이 떤다.	
꿈/ 욕구 /가치 (7)	꿈	47	내가 꼭 이루고 싶은 꿈은 – 행복한 가정, 행복한 가족, 행복한 삶을 느끼는 나.	행복한 가정을 이루고 싶고 그 안에서 행복을 추구하고 싶은 열망을 많이 드러내고 있다. 자존감이 낮은 수검자는 자존감을 회복하는 것에 큰 가치를 두고 있고 긍정적인 마음가짐, 타인과의 신뢰, 가족의 화목, 화해를 우선적인 욕구와 가치로 두고 있다. 직업을 갖고 싶지만 일을 찾지 못하고 있는 현재 상황에 대한 안타까움이 많다. 에너지가 많이 소진되어 구직 활동에 적극적이지 못하고, 높은 장애물을 뛰어넘어야 되는 힘겨운 일로 생각하고 있다. 경제적인 부분에서도 상대적 박탈감을 호소하는 등 현재 자기 자신을 책임지고 부양하는 일에 대해서도 자신감이 떨어지고 곤란을 겪고 있는 상태이다.
	욕구	43	내가 행복하려면 – 남도 이해하고 나도 이해하고 그만 미워하고 노력하고 자존감을 높이고 항상 긍정적이고 밝은 생각을 많이 했으면 좋겠다.	
		44	지금 나에게 필요한 것은 – 긍정적인 마음가짐, 나를 믿는 것, 타인을 쉽게 믿지 않고 타인을 신뢰하는 것, 가족의 화목, 화해, 대인관계.	
		29	직업을 갖는 것은 – 현재는 힘든 일이다. 힘이 들어도 그래도 잘해왔는데 지금은 일을 못하고 있고 일을 못 찾고 있는 내가 안타깝다. 일을 다시 시작하면 잘할 수 있을 것 같은데 직업을 갖는 것은 지금 현재 나에겐 높은 장애물을 뛰어넘는 일과 같다.	
		46	돈은 – 사람이 살아가는 데 꼭 필요한 것이지만 지금의 나에게는 상대적 박탈감을 심어준다.	
	가치	6	무엇보다 가치가 있는 일은 – 나보다 부족한 사람 또는 도움이 필요한 사람을 돕는 것.	
		22	내 인생에서 가장 중요한 것은 – 자존감, 자신감, 나 자신을 사랑하는 것.	

(계속)

영역	주제	번호	제시된 문장	해 석
시간 조망 (6)	과거	17	나의 학창 시절은 – 외로웠다. 공상이 많았다. 생각이 참 많았다. 혼자 있는 걸 좋아했다. 조용했다.	학창 시절의 자신에 대해 공상이 많고 겁이 많은 아이였던 것으로 지각하고 있다. 현실적인 대처 전략보다는 공상이나 백일몽에 빠져 지내는 경향성은 어린 시절부터 나타났던 것으로 여겨진다. 부모와 함께 하지 못한 과거 기억에 대해 아쉬움이 많고 타인을 믿고 배신당한 상처에서 아직 회복하지 못한 상태이다. 한편으로는 미래에 대해 포기하지 않고 밝은 미래를 꿈꾸고 있다는 점은 긍정적인 심리적 자원으로 여겨진다. 하지만 미래에 대한 전망 부분에서도 앞에서 긍정적으로 기술하고 나서 바로 '하지만 어떤 때는 다 포기하고만 싶어진다'라고 부정적인 문장이 따라 나오는 점을 볼 때 전반적으로 양가적인 생각이 많은 양상이다.
		31	어렸을 때 나는 – 부정적이고, 겁 많고, 뭔가 계속 인생을 바꾸고 싶었고, 외로운 아이였다.	
		37	내 삶에서 가장 행복했던 때는 – 엄마 품에 있을 때, 기억은 안 나지만. 그렇게도 미웠던 가족과 함께 있었을 때가 그래도 행복하지 않았나 싶고 지금은 많이 그립다.	
		39	내 삶에서 가장 슬픈 기억은 – 부모님과 함께 한 기억이 잘 없다는 것, 타인을 믿어서 상처를 받은 일이다.	
	미래	32	나의 미래는 – 어둡지만 그래도 포기하고 싶지 않다. 밝은 미래를 꿈꾼다. 몸도 마음도 정신도 건강한 나를 꿈꾼다. 하지만 어떤 때는 다 포기하고만 싶어진다.	
		41	나이가 더 들면 – 정신, 육체적으로 힘들겠지만 계속 노력해서 긍정적인 삶, 자존감을 높이고 싶다.	
부정적 감정과 스트 레스 대처 방식 (7)	두려움	8	내가 두려워하는 것은 – 대인 관계, 사람을 믿는 것, 나의 배우자를 찾는 일, 사람과 의사소통.	과거 이성에게 배신당한 경험으로 인한 부정적인 영향에서 벗어나기 어려운 모습이며, 이로 인해 스스로를 포함한 타인에 대해서도 불신감이 많아 대인 관계에서 두려움이 많고 이성을 찾거나 사람들과 의사소통하는 것을 어려워한다. 스스로를 자책하고 있고 원하던 일이 잘되지 않으면 쉽게 좌절하고 실망하는 상태라 자존감이 높은 사람, 밝은 에너지를 가지고 있는 사람을 긍정적인 역할 모델로 지각하고 있다.
	불안	20	나를 가장 불안하게 하는 것은 – 나. 자신감 부족, 자존감 낮은 나.	
	화	13	나를 가장 화나게 하는 것은 – 과거의 일이다. 사람을 잘 믿는다. 우유부단한 나.	
	후회, 부러움	27	살아오면서 가장 후회되는 것은 – 나를 너무 자책하고 나를 미워했었던 일.	
		28	내가 가장 부러워하는 것은 – 자존감 높은 사람, 씩씩하고 밝은 에너지를 가진 사람.	
	스트레스 반응	23	나를 가장 힘들게 하는 것은 – 자신감 없는 나, 자존감 낮은 나.	
		25	원하던 일이 잘 풀리지 않으면 – 좌절, 실망, 회복이 힘들다.	
사랑, 성, 결혼 (4)	사랑	11	내 삶에서 사랑은 – 거짓 같다. 하지만 주위를 보면 진짜 사랑도 있는 같다. 따뜻함, 행복을 느끼는 것을 보고 믿음이 생겼다.	이성에 대해서 긍정적인 경험이 없고 자존감이 낮은 상태라 어색해하고 있고 사람, 사랑을 믿지 않는 태도를 견지하고 있다. 결혼에 대해서도 희망 사항이라고 말하고 있지만, 자신 없는 태도와 회의적인 시각을 갖고 있다.
	성/ 결혼	42	성에 대한 관심(성생활)이 없다. 하지만 결혼을 해야 될 것 같아서 노력해서 긍정적인 생활의 활력소가 되는 성에 대해선 관심을 가지고 싶다.	
		19	이성과 함께 있으면 – 어색하다. 무슨 얘기를 시작해야 될지 모르겠다.	
		26	결혼(결혼생활)은 – 희망 사항이다. 미래 계획이 잘 안 세워진다. 할 수 있을까?	

(계속)

영역	주제	번호	제시된 문장	해 석
건강, 죽음, 영성 (3)	건강과 죽음	45	나의 건강은 - 더 아프지 않고 건강 관리 잘해서 100세까지 살고 싶다.	몸과 마음이 나이에 비해 많이 지쳐 있는 모습이다. 죽음에 대한 두려움이 있지만 긍정적인 삶의 태도로 살고 싶다는 마음이 더 크다. 특별히 믿고 있는 종교는 없는 상태이며, 긍정적인 생각과 마음가짐을 갖는다면 좋은 기운을 얻을 수 있을 것이라는 기대감을 표현하고 있다.
		50	죽는다는 것(죽음)은 - 죽음은 무섭지만 인간이라면 누구나 태어났다면 죽음을 당연히 누구나 죽고 받아들여야 한다고 믿는다. 아직은 죽음이 무섭지만 앞으로는 긍정적인 삶을 살고 싶고, 긍정적인 나로 태어나고 이 세상을 하직할 때까지 잘 살고 싶다.	
	영성	49	내가 믿는 신(종교)은 - 없다. 하지만 없다거나 부정하고 싶지 않고 긍정적인 생각과 마음을 가진다면 신은 그래도 배신하지 않고 좋은 기운을 주지 않을까 믿고 싶다.	

〈핵심 태도 요약〉

이 단계에서는 4단계의 주제 분석틀에서 나온 해석을 토대로 수검자에 대한 태도 변수를 요약한다. 태도 변수 중의 하나인 인지 삼제, 즉 자기에 대한 지각, 타인 및 세상에 대한 지각, 미래에 대한 지각을 요약한다. 정서 영역에서는 수검자가 느끼는 핵심 정서와 갈등, 정서 강도를 기술한다. 행동 영역에서는 좌절과 실패에 대해 수검자가 평소 어떻게 반응하는지를 기술하며 대처 방식에 대해 구체적으로 열거한다. 가족 및 대인 관계에 대한 지각 부분에서는 가족에 대한 태도와 대인 지각을 기술한다.

이 수검자의 인지 영역을 살펴보면 자기 지각이 매우 부정적이고 낮은 자존감으로 인해 매사에 자신감이 없는 상태이다. 자존감이 낮다보니 타인과 세상에 대해서도 부정적인 생각이 많고 미래에 대해서도 회의적인 태도를 가지고 있다. 다만 미래는 과거와 현재처럼 부정적인 자기 개념에 사로잡혀 살고 싶지 않다는 바람을 표현하고 있다.

▶ 핵심 태도 요약

1. 인지(인지 삼제)
    - 자기지각: 자기에 대해 매우 부정적이고 낮은 자존감을 갖고 있음.
    - 세상에 대한 태도: 자존감이 낮다보니 타인과 세상에 대해서도 부정적인 생각이 많음.
    - 미래에 대한 태도: 회의적이지만 그래도 긍정적인 태도를 견지하려고 노력하고

있음.

2. 정서(핵심 정서와 갈등, 정서 강도 등)
   – 낮은 자존감으로 인해 우울감과 슬픔, 외로움, 막연한 두려움, 불안감이 많음.

3. 행동(좌절과 실패에 대한 반응, 대처 방식 등)
   직업이나 대인 관계 면에서도 긍정 경험이 부족하여 사소한 거부와 실패에도 좌절감을 많이 느끼고 의기소침해지는 경향이 있음. 스스로 좌절을 극복하고 싶은 동기는 강하지만 위축감을 많이 느끼고 있어 적극적인 대처 행동으로 이어지기 어려운 상태임.

4. 가족 및 대인 관계
   – 가족에 대한 태도: 가족 간에 서로 소원한 상태이나 엄마나 형제, 자매, 아버지에 대해 연민, 애틋한 마음을 동시에 가지고 있음.
   – 대인 지각: 과거 배신을 당한 경험으로 인해 남성에 대한 부정적인 생각이 강하고 권위상에 대해서도 눌린 모습이다. 하지만 대인 욕구는 강한 편임.

5. 기타(사랑, 성, 결혼, 가치, 목표, 꿈, 욕구, 건강, 종교 등)
   낮은 자존감으로 인해 인생에서 중요한 사랑, 꿈, 목표를 추구하는 것을 주저하고 있지만 다른 사람들처럼 자신이 원하는 일을 하고 사랑하는 대상과 결혼을 하고 행복을 추구하고 건강하게 살고 싶어 하는 절실한 마음이 드러나고 있음.

역동적 분석

역동적 분석은 머레이의 욕구 이론에 따라 분석을 하는 것으로 아동용과 청소년용 SCT에는 적용하지 않고 주로 성인용에 적용할 수 있고 주제 및 내용 분석에 이어 추가적으로 해볼 수 있다.

욕 구	유 무	해 석
순응, 자기 비하	v	자존감의 손상, 자기 비하를 많이 느낌.
성취	v	성취 욕구는 있으나 자신감이 많이 없는 상태라 추진력을 잃은 상태임.
획득		
소속	v	외로움을 많이 경험하고 있고 타인과 어울리고 싶은 친화 욕구가 표현되고 있음.
공격성: 언어적, 신체적		
자율성: 자유	v	겉으로는 혼자 살면서 자율성을 추구하고 있지만 소외감을 느끼면서 외로워하고 있음.
비난 회피		
호기심		
반작용, 반동형성		
창조성		
자존감, 자긍심	v	자존감의 욕구가 반복적으로 표현되고 있음.
존중, 흠모		
지배성		
전시, 표현		
설명하기		
위험 회피		
열등 회피	v	자존감이 낮고 열등감에 지배받고 있는 상태라 타인들과 어울리지 못하고 회피적인 상태에 있음.
양육		
조직화		
수동성		
유희		
인정		
거부, 경멸		
보유		
격리, 고립		
감각		
성: 성도착, 색정광		
의존성		
탐색		

(계속)

욕 구	유 무	해 석
		내적 상태 및 특징
불안 걱정, 두려움	V	자신의 미래에 대한 두려움, 불안이 많음
증오, 후회, 수치심		
공상: 자폐, 꿈, 망상		
낙관주의	V	비관적인 태도와 미래에 대해 막연한 낙관주의 태도가 혼재되어 있음.
비관주의	V	스스로를 취약하고 자존감이 낮은 상태로 여기는 등 비관적인 태도가 나타나고 있음.
자기애	V	자기 연민이 많은 상태임.
초자아		
병리적 언어: 독특하고, 기이하고, 기태적, 반향어, 신조어	V	언어 표현이 많은 것을 볼 때 내적 사고 과정이 활발하게 이루어지고 있음. 기이한 사고나 신조어, 반향어는 발견되지 않음.
사고 장애: 무쾌, 차단, 보속증, 상동증, 부적절, 비일관성	V	사고 흐름, 사고 과정 장애는 나타나지 않고 있음.
		환경적 압력
가정적	V	별로 없는 상태임. 서로 소원하게 지내고 있음 .
경제적	V	스스로를 부양하고 책임져야 한다는 압박감을 많이 느끼고 있으나 현재 구직 활동에 필요한 심적 에너지가 소진되어 있는 상태임. 경제적인 압박감을 많이 느끼고 있음.
사회적		
		역동 분석 요약

수검자는 스스로를 비하하고 있고 자존감이 극도로 낮은 상태여서 자존감 증진 욕구가 반복적으로 표현되고 있다. 부모로부터 충분한 정서적, 경제적 보살핌을 받지 못하고 일찍 독립하였지만 오랜 직장 생활 동안 직장 상사와의 갈등, 남자 친구로부터 배신을 경험하면서 자신 및 타인에 대한 불신 도식이 강해 대인관계에서 위축되어 지내고 있다.

가족과 화해하고 친밀한 관계를 맺고 싶은 욕구가 많으나 가족 모두 뿔뿔이 흩어 지내면서 유대감이 약한 상태라 접근하고 싶은 욕구와 동시에 회피 갈등을 느끼고 있다. 혼자 고립되어 지내면서 우울감, 소외감을 많이 느끼고 있고 지지가 될 수 있는 외적 자원이 부족한 상태이다. 충분히 사랑받지 못한 경험, 거절을 받은 경험 등이 열패감을 가중시키고 있으나, 한편으로는 나아지고 싶고 행복한 미래를 꿈꾸고 싶은 바람이 드러나고 있는 점은 내적 자원으로 파악된다.

수검자 스스로 자존감을 높여야 된다는 당위적인 생각은 많지만 방법을 모르고 있는 상태이고 악순환되는 반추적인 사고에 빠져 헤어나오지 못하고 있다. 손상된 자존감과 결핍된 자기애적 욕구를 보상하고 싶다는 갈망이 강한 만큼 자신의 과거를 포함해서 현재 상황을 있는 그대로 수용하고, 철저하게 받아들이는 과정을 통해 자기 가치감을 회복할 필요가 있다.

스스로를 객관적으로 인식하고 표현하는 능력은 갖추고 있지만 습관화된 부정적인 생각과 감정에 빠져 자주 압도당하는 경향성이 있으므로 이로부터 거리두기를 하고, 자신의 감정, 생각, 욕구 등을 알아차리는 연습이 도움이 될 것으로 여겨진다.

2. 조증과 문장완성검사

조증의 핵심적 특징은 기분의 불안정성이다. 조증 상태가 되면 기분 변동이 급변해서 다행감과 행복한 기분을 느끼다가도 곧 과민한 반응을 보여 주변 사람들도 이런 기분의 변화를 쉽게 눈치챌 수 있다. 조증 삽화 동안에 새로운 일을 벌인다든지 동시에 여러 사업을 벌이면서 잠을 안 자고 설치면서 돌아다니기도 한다. 자존감이 지나치게 팽창하여 자신에 대해 과대하게 지각하며 '신의 아들이다'라고 하는 등 과대망상을 보인다. 사고 흐름이 너무 빨라 말의 표현보다 사고가 더 빠르게 떠오른다. 이 때문에 사고의 비약이 자주 나타나서 한 주제에서 다른 주제로 갑작스럽게 전환된다. 또한 끊임없이 연상이 이어지고 말이 빠르고 목소리가 크고 중단하기가 어렵다. 농담, 말장난, 엉뚱한 말, 우스개 소리, 과장된 제스처를 보이거나 극적인 언어 표현을 보인다.

문장완성검사에서 조증 환자들의 전형적인 반응 특징은 일단 언어 표현과 반응이 너무 길고 장황하다는 점이다. 몰두하고 있는 과대망상적인 주제가 나오기도 하고 자신에 대해 과대한 지각과 과도한 자신감이 표현된다. 사고 비약이 나타나서 갑작스럽게 주제가 변동되기도 한다. 간혹 농담이나 말장난 같은 것도 드러난다. 조증을 가진 사람들은 과거 기억에 대해 부정적인 자서전적 기억에 몰두하는 경향이 있고 과거 경험을 과잉 일반화하는 내용을 많이 보인다.

※ 조증 문항 반응 예시(40대 조증 여자)

16. 우리 엄마는 – 정말 우리를 위해 고생을 많이 하였습니다. 아버지가 한글을 모르고 계산을 못하셔서 엄마가 재산을 돌보았고, 우리들 학비를 벌기 위해 밭이며 논이며 열심히 일하셨습니다. 엄마가 음식 솜씨가 좋아 다른 분들이 엄마를 많이 찾습니다. 지금까지도 연세가 많으신데도 일을 하십니다. 돈을 정말 아껴 쓰셨습니다.

26. 결혼은 – 우리는 반대를 무릅쓰고 결혼을 하였습니다. 그래도 남편의 사랑으로 아이를 낳고 잘

살았습니다. 아이들이 어렸을 때 친척들이 찾아오면 정말 힘들어했습니다. 아버님을 모시는 것 때문에 남편과 매번 싸웠습니다.

50. 죽는다는 것은 – 벌레 죽이는 것도 겁이 나는데 하물며 아버님이 돌아가셨을 때 저를 의심하는 말들을 할 때 너무 힘들고 죽고 싶었습니다. 또한 한 생명이 갑자기 불속에 들어가 재가 되어 나오는 것을 보니 너무 허무하다는 것을 느꼈습니다. 항상 무슨 말을 듣더라도 신중하게 듣고 내 몸, 내 살같이 사랑해주겠습니다. 뭐든지 상의하면서 결론을 내리겠습니다.

3. 조현병과 문장완성검사

조현병은 대표적인 사고장애로 망상과 환각을 보이며 현실 검증력이 떨어지고 와해된 사고와 언어를 보인다. 증상이 심한 환자들은 연상의 이완과 사고 탈선, 앞뒤가 잘 맞지 않는 지리멸렬한 언어 표현을 보인다. 또한 일부 조현병 환자는 자신만이 의미를 알 수 있는 신조어를 표현한다. 또한 상황에 맞지 않는 부적절한 정서와 기분 변화가 나타날 수 있다. 조현병은 상당히 이질적인 임상 증후군이어서 같은 진단을 받았다고 하더라도 매우 다양한 양상을 보인다. 또한 병의 만성화 여부와 급성 여부에 따라 환자들의 정서 표현이나 강도, 인지 장애 등의 정도가 다양하다.

조현병 환자들은 문장완성검사에서 상당히 다양한 형태의 반응을 보일 수 있다. 문장완성검사 반응에 나타난 언어 표현을 살펴보면 사고가 논리적인지 비논리적인지, 일관성이 있는지를 알 수 있다(아래 36번 문항 예시 참조). 연령이 낮고 초발한 상태이고 학력이나 지능이 높다면 풍부한 언어를 사용하고 비교적 논리적인 문장으로 표현할 수 있다. 그러나 발병한 지 오래된 만성조현병 환자이거나 병전 기능이 좋지 않았다면 사고가 매우 빈약한 상태로 대부분의 문장완성검사 문항에서 '없다', '모른다'와 같은 단순한 단어를 반복하는 경향이 있다. 또한 문항 내용이 바뀌어도 같은 반응만 하는 보속증 반응이 나타나기도 한다. 피해망상이 있는 경우 아래 40대 조현병 사례에서처럼 '몰래 카메라'와 같은 단어가 반복되기도 하며, 대체로 문장의 논리성이 떨어지고 빈약하며 부적절한 내용이 많다.

※ 조현병 문항 반응 예시(40대 조현병 남자 환자)

13. 나를 가장 화나게 하는 것은 – 몰래 카메라로 인해 24년간 제약받은 것.

14. 주변 사람들은 – 몰래 카메라로 나를 감시한다.

15. 내가 싫어하는 사람은 – 이성과 삶의 내부로 침투하는 권력구조.

23. 나를 가장 힘들게 하는 것은 – 몰래 카메라로 인해 만든 제약.

36. 엄마와 나는 – 1971년 전생의 빚으로 세상에 태어나서 관리세력이 되어 왔다.

49. 내가 믿는 신은 – 제우스 신.

50. 죽는다는 것은 – 새로이 퇴임하는 것.

4. ADHD와 SCT-C 아동 문장완성검사

ADHD의 특징적인 증상은 부주의, 그리고 과잉 행동-충동성이다. ADHD를 보이는 아동들은 인내심이 부족하고 집중력이 저하되어 있어 과제를 수행하거나 완수하지 않고 돌아다니고 무질서한 모습을 보인다. 이들은 상황에 맞지 않게 부적절하게 뛰어다니고 몸을 움직이는 행동을 보이거나 지나치게 수다스러운 모습을 보일 수 있다. ADHD는 대개 12세 이전에 나타나며 장애의 발현은 가정, 학교, 직장에서 모두 나타난다. ADHD를 보이는 아동은 집중을 잘하지 못하기 때문에 언어 발달, 사회성 발달이 지연되는 경우가 많다. 이들 아동들은 욕구 좌절에 대한 인내력이 낮고, 과민성, 불안정한 기분을 특징적으로 보이고 학업 수행에서 손상이 발생하여 학습장애 진단을 부가적으로 받기도 한다.

ADHD를 보이는 아동의 문장완성검사는 증상의 정도, 지능 수준에 따라 다양하게 표현된다. 지능이 낮고 한자리에 앉아 있지 못할 정도로 심한 ADHD 아동은 대부분의 문항에서 단답식으로 반응하는 경우가 많다. 이 경우 문장완성검사 반응에서 나타나는 정보는 매우 빈약할 수밖에 없다.

다음은 ADHD 진단을 받은 초등학교 6학년, 남자 아이의 문장완성검사 사례이다.

영 역	주 제	번 호	제시된 문장	해 석
자기 (5)	강점	7	내가 제일 잘하는 것은 – 게임이다.	게임을 잘하는 것을 강점으로 여기고 있고 못하는 것에 대해서는 특별히 없다고 하는 등 통찰력이 부족하여 약점에 대해서 솔직하게 시인하지 못하고 있다.
	약점	15	내가 제일 못하는 것은 – 없다.	
		20	고치고 싶은 나쁜 습관은 – 손톱 물어 뜯기.	
	자기 개념	5	나는 – 화를 내지 않고 참는 성격이다. 스트레스를 잘 받지 않는 것 같다.	평상시 화를 잘 내서 또래 관계에서 문제가 있지만 스스로에 대한 인식 능력이 부족한 상태다.
		21	내가 만일 – 개가 된다면 어떨까?	
가족 (5)	엄마	25	우리 엄마는 – 혼낼 때 무섭다.	엄마는 무섭고 아빠는 친절한 사람으로 지각하고 있고, 나머지 가족 구성원과는 사이가 좋은 편이다. 가족 분위기도 좋은 편으로 여겨진다.
	아빠	17	우리 아빠는 – 친절하고 내가 뭐든 물어보면 대답해 준다.	
	형제, 자매	24	우리 언니/오빠/누나/형/동생은 – 나한테 없어서는 안되는 존재이다.	
	가족 분위기	1	우리 가족은 – 행복하게 잘 지낸다.	
		6	우리 아빠와 엄마는 – 둘 다 사이좋게 잘 지내고 행복해 보인다.	
타인 및 세상 (7)	친구	3	내가 가장 좋아하는 친구는 – 00다. 예의 바르고 고운 말만 사용하고 욕을 하지 않기 때문이다.	같은 동성 친구들 중에서 좋아하는 친구와 싫어하는 친구가 분명하게 구별된다. 평상시 장난으로 물건을 가지고 가는 친구들에게 화를 많이 내고 있고 적절하게 대처하는 사회기술이 부족하다. 담임 선생님에 대해서는 자신의 고민거리를 해결해주는 긍정적인 인물로 지각하고 있다.
		4	여자애들은 – 짜증난다.	
		10	남자애들은 – 장난으로 내 물건을 가지고가 나를 화나게 한다.	
		16	내가 가장 싫어하는 친구는 – 00와 00. 왜냐하면 내 물건을 장난으로 가져가기 때문에 싫다.	
	타인	9	내가 가장 좋아하는 선생님은 – 000선생님이다. 왜냐하면 고민거리를 다 해결해 주시기 때문이다.	
		11	담임 선생님은 – 내 고민거리를 다 해결해 주신다.	
		28	내가 가장 좋아하는 사람은 – 없는 것 같다.	

(계속)

영 역	주 제	번 호	제시된 문장	해 석
행복/꿈/욕구 (5)	행복	2	내가 가장 행복할 때는 – 내가 하고 싶은 것 할 때가 제일 행복하다.	컴퓨터 게임에 몰두하고 있어 게임기에 대한 욕구와 돈을 많이 벌어 하고 싶은 것을 하고 싶다는 바람이 들어가 있다. 욕구 지연 능력이 부족한 ADHD 특성이 나타나고 있다.
	꿈	27	내가 이루고 싶은 소원은 – 돈 많이 버는 것이다.	
		30	이다음에 크면 – 게임 프로그래머가 되고 싶다.	
	욕구	22	내가 가장 좋아하는 놀이는 – 컴퓨터 게임.	
		29	내가 가장 갖고 싶은 것은 – 게임기.	
학업 (3)	공부	19	공부하는 것은 – 재미없다. 같은 걸 반복시키기 때문이다.	공부에 대한 흥미는 없으나 학교생활 자체에 대해서는 설렌다고 표현할 정도로 긍정적으로 묘사하고 있다.
	학교생활	14	학교생활은 – 80% 정도 만족한다. 하지만 20%는 불만족이다.	
		26	아침에 학교에 갈 때 – 설렌다. 매일 새로운 것 같기 때문이다.	
부정적 감정과 스트레스 반응	두려움	18	내가 가장 무서워하는 것은 – 놀이기구.	장래에 대한 걱정을 막연하게 하고 있고 기분이 나쁠 때 화를 내는 자신의 특성에 대해 인지하고 있다.
	걱정	13	가장 걱정되는 것은 – 내 장래에 뭐를 선택해야 될지 모르겠다.	
	슬픔	12	나를 슬프게 하는 것은 – 특별히 없다.	
	스트레스 반응	8	나를 가장 화나게 하는 것은 – 내 물건을 가져가는 남자애들이다.	
		23	기분이 나쁠 때 나는 – 화를 안 내려고 노력하지만 결국 화를 내고 만다.	

요약

1. 인지 삼제
- 자기 지각: 자신에 대해 비교적 긍정적임.
- 타인에 대한 지각: 좋은 친구, 좋지 않은 친구로 구분하여 좋지 않은 친구들에게 화를 많이 표출하지만 담임선생님에 대해서는 긍정적으로 지각하고 있음.
- 미래에 대한 지각: 미래에 대해 막연히 두려움이 있음.
2. 정서(핵심 정서와 갈등, 정서 강도 등)
- 마음에 안 드는 또래들에게 감정을 조절하지 못하고 분노를 자주 표출해서 분노 조절 훈련이 필요함.
3. 행동(부정적 감정과 스트레스 반응, 대처 방식 등)
- 화가 나면 친구를 때리는 행동이 부적응적이므로 이에 대해 감정을 인식하고 조절할 수 있게 해주어야 함. 행동하기 전에 생각을 하게 하는 인지 훈련이 필요함.
4. 가족 및 대인 관계
- 가족에 대한 태도: 혼낼 때 엄마가 무섭다고 지각하는 정도이고 나머지 가족에 대해서는 긍정적임.
- 대인 지각: 여자아이들에 대해서는 부정적인 상호작용이 많고 짜증을 많이 느끼고 있음.

5. 청소년 우울 장애와 문장완성검사

청소년들이 보이는 우울 증상의 특징은 우울한 기분, 식욕 저하, 불면 등과 같은 전형적인 우울 증상보다는 짜증, 변덕스러움, 잠을 지나치게 많이 자거나 폭식을 하는 등 비전형적인 증상으로 표현된다. 또한 타인의 거절에 민감하거나 분노, 반항, 거친 행동으로 나타나 사춘기의 반항이나 성격 문제로 오인할 수 있다. 심해지면 '만사가 귀찮다', '재미있는 것이 없다'와 같은 의욕 상실, 피로감, 집중력의 저하가 나타나고 학업 성적 저하, 죽음에 대한 생각, 즉 자살 사고로 이어지고 자살 행동이 나타날 수 있다. 청소년들이 우울해하는 이유 중에는 부모와의 관계, 또래 관계, 학업 스트레스 등이 가장 크게 작용한다.

다음은 15세 중2 여학생의 문장완성검사이다. 부모와의 갈등, 친구 문제 등으로 인해 우울감을 호소하고 있다. 평상시 우울한 기분보다는 짜증과 화를 많이 표현하고 있어 엄마와의 관계가 악화되어 있다.

영역	주제	번호	제시된 문장	해석
자기 (9)	강점	12	내가 가장 잘하는 것은 - 그림 그리는 것, 속이는 것, 참는 것.	그림 그리기에 관심을 가지고 있고 자신의 감정 조절 취약성을 인식하고 있다.
	약점	10	친구들이 잘 모르는 - 나의 단점은 너무 쉽게 화를 내고 너무 쉽게 화가 풀린다.	
		40	고치고 싶은 나쁜 습관은 - 감정 변화가 쉽고 누구든 잘 믿는 것.	
	자기 개념	3	나는 - 복잡하다.	자신에 대한 개념이 부정적이며 사라진다는 표현을 한 것으로 보아 자살 사고나 가출 등의 생각을 추가 탐색할 필요가 있다.
		18	내 외모는 - 그저 그렇다.	
		32	나 자신이 가장 자랑스러운 때는 - 학교에서 그림 관련 상을 받았을 때.	
		33	친구들은 나에 대해 - 모르는 것이 많을 것이다.	
		34	부모님은 나에 대해 - 화만 낸다.	
		35	내가 만일 - 사라진다면 엄마가 힘들어하겠지?	

(계속)

영역	주제	번호	제시된 문장	해석
가족 (8)	엄마	5	우리 엄마는 – 많이 힘들 것이다.	엄마와의 갈등으로 인해 스스로 많이 지쳐 있다고 자각하고 있다. 아빠, 언니 등 가족 구성원의 존재를 부정하고 싶은 마음이 많이 표현되고 있다. 집에 있을 때 안정과 지지를 얻기보다는 가족 간의 상호작용이 부정적으로 이루어지고 있어 만족감을 느끼지 못하고 있다.
		25	엄마와 나는 – 평범해지고 싶다. 많이 지쳤다.	
	아빠	14	우리 아빠는 – 누군지 모르겠다.	
		26	아빠와 나는 – 모르는 사이이고 싶다.	
	형제, 자매	24	우리 언니/오빠/누나/형/동생은 – 언니가 제발 없었으면.	
	가족 분위기	1	어렸을 때 우리집은 – 가난했다.	
		11	우리 가족은 – 더 이상 안 좋은 일이 없길 바란다.	
		8	집에 있을 때 – 나는 조용하다.	
타인 및 세상 (9)	친구	2	친구들은 – 힘들다.	친구 관계에서 특정한 친구를 제외하고는 대부분 부정적으로 표현하고 있다. 세상을 잔혹하다고 표현하고 있는 것으로 보아 주변 사람, 세상에 대한 표상이 매우 부정적이다. 선생님이나 어른들과 같은 권위상에 대해서도 자신에게 관심이 없고 고집이 세고 자신을 이해할 수 없는 사람으로 지각하고 있다.
		39	내가 제일 좋아하는 친구는 – OOO. 내 말을 잘 들어주어서.	
		4	여자애들은 – 남 뒷담화를 좋아한다.	
		27	남자애들은 – 생각이 없고 다 똑같다.	
	타인	22	내가 가장 싫어하는 사람은 – OOO 왜냐하면 OOO 때문에 내 삶이 틀어졌다.	
		28	내가 가장 본받고 싶은 사람은– 없는 것 같다. 왜냐하면 내 주위엔 제대로 된 사람이 없다.	
	세상	38	세상은 – 잔혹하다.	
	권위상	7	선생님들은 – 나에 대해 관심이 없다.	
		17	어른들은 – 고집이 세다.	
행복/꿈 /욕구 (7)	행복	9	나를 가장 즐겁게 하는 것은 – 그림 그리는 것과 노래 부르는 것.	노래 부르는 것과 그림 그리는 것에 대한 관심과 꿈을 표현하고 있다. 가족을 포함해서 주변 사람들로부터 사랑받고 있지 못하다고 느끼고 있다. 하지만 행복한 가정을 희구하고 있고 엄마에게 용돈을 제일 먼저 드리고 싶다고 표현하는 등 갈등적인 관계에 있으면서도 엄마에 대한 애정이 드러나고 있다.
		30	내가 제일 행복할 때는 – 그림 그릴 때.	
	꿈	31	이 다음에 크면 – 일러스트레이터를 하고 싶다, 왜냐하면 그림 그리는 것이 행복하기 때문에.	
		36	나의 미래는 – 내가 하기에 달렸다.	
	욕구	6	내가 가장 갖고 싶은 것은 – 행복한 가정이다.	
		13	내가 사랑받는다고 느낄 때는 – 거의 없는 것 같다.	
		29	내가 돈을 번다면 – 엄마에게 제일 먼저 용돈을 드리고 싶다.	
학업 (2)	공부	20	공부하는 것은 – 흥미가 없다.	공부에 대한 흥미가 없고 학교생활에서도 또래 관계와의 갈등으로 인해 부적응 상태이다.
	학교생활	15	나의 학교생활은 – 완전히 꼬여버렸다.	

(계속)

10장. 인싸이트 문장완성검사의 사례 • 169

영역	주제	번호	제시된 문장	해석
부정적 감정과 스트레스 반응	두려움	16	내가 가장 두려워하는 것은 – 친구들.	친구 관계. 앞날에 대한 걱정과 두려움이 많다. 짜증이 날 때는 친한 친구에게서 위안을 구하고 있고 자기 말이나 의견이 무시당할 때 감정 조절이 안되는 특성이 있다.
	걱정	21	요즘 제일 걱정이 되는 것은 – 앞으로의 삶이다.	
	슬픔	19	나를 슬프게 하는 것은 – 엄마가 아플 때.	
	스트레스 반응	23	짜증이 날 때 나는 – 친구를 찾아간다.	
		37	내가 가장 화가 날 때는 – 나의 말이나 의견이 무시당할 때.	

요약

1. 인지
  • 자기 지각: 자신에 대한 부정적인 태도가 강함. 그림을 그리는 것에 대한 흥미 표현.
  • 타인 및 세상에 대한 지각: 주변 친구들과 부모, 어른, 선생님 등 사람들에 대한 불신감과 부정적인 생각이 많음.
  • 미래에 대한 지각: 미래에 대해 그래도 자기가 할 탓이라고 표현하는 등 긍정적인 면이 드러나고 있음.
2. 정서(핵심 정서와 갈등, 정서 강도 등)
  • 짜증, 화 등 감정 조절을 잘하지 못하고 있다는 것을 스스로도 인식하고 있음.
3. 행동(부정적 정서에 대한 반응, 대처 방식 등)
  • 가족에 대한 태도: 친구들을 두려워하면서도 친한 친구에게 위로를 구하고 있고, 가족에 대해서는 따뜻한 위로와 지지를 받지 못함.
4. 가족 및 대인 관계
  • 가족에 대한 태도: 부모, 언니와 부정적인 상호작용이 많은 상태임. 특히 엄마와의 관계에 대해서는 지쳐 있다고 표현할 정도로 힘든 상태이지만 양가적인 감정을 토로하고 있음.
  • 대인 지각: 긍정적인 상호작용 경험이 부족하고 부정적임.

| 결론

　문장완성검사는 대체로 투사검사로 분류되고 있으나 각각의 문항 이 수검자로 하여금 내면의 갈등, 생각, 욕구를 얼마나 잘 투사하게 만드냐에 따라 '투사', '반-투사(semi-projective)' 기법으로 분류할 수 있을 것이다. TAT나 로샤 검사에 비해 문장완성검사는 의식적으로 문장을 적어내는 과정에서 수검자 스스로 자기 검열을 통해 걸러내는 정신적 작업이 가능해, 순수한 투사검사라기보다는 '반 투사'semi-projective 검사라고 보는 것이 가장 타당할 것이다. 한 종류만 개발되어 다양한 채점 체계에 따라 해석되다가 종합 체계로 통합된 로샤 검사와 달리 문장완성검사는 단일한 검사 문항과 통일된 채점 체계가 없다는 점은 제한점으로 꼽히고 있다. 투사검사인 데다 채점 체계가 별로 없고 규준적인 연구 자료가 없다보니 신뢰도와 타당도가 부족하다는 비판도 있다. 하지만 Part I에서 기술하였듯이 채점 체계를 가지고 있는 문장완성검사 버전은 평정자 간 일치도가 상당히 높다고 보고되고 있고, 개발 목적에 맞게 다양한 구성 타당도를 입증해 주고 있다. 그리고 수검자의 성격 특성과 검사자의 오랜 경험과 통찰력 그리고 행동 역동에 대한 지식 등에 기초해서 상관을 분석한다면 내용 타당도 역시 비교적 높다고 볼 수 있다.

　문장완성검사가 갖고 있는 한계점에도 불구하고 이 검사가 갖고 있는 정보 가치가 있기 때문에 지금까지 로샤나 TAT와 같은 다른 투사검사와 함께 종합심리검사의 한 기법으로 사용되고 있는 것이다. 특히 최근 들어 다양한 장면에서 실시되고 있고 이 검사를 실시하는 검사자도 전통적으로 심리 검사에 대해 강도 높은 훈련을 받는 임상 심리 전문가 외에도 아동 상담사, 가족 상담사, 청소년 상담사, 사회복지사 등 다양해지고 있다. 실시하는 것과 해석이 비교적 쉽기 때문에 문장완성검사를 별도로 공부하고 해석하는 전문가는 많지 않다. 그러나 다른 심리검사와 마찬가지로 문장완성검사의 이론적 배경과 채점 지침을 알아둔다면 보다 유용한 해석이 가능하다.

저자는 본 서에서 문장완성검사 해석을 위해 레빙거의 자아 발달 이론과 머레이의 욕구-압력 이론, 매슬로우의 욕구 위계설 등을 기술하였지만 실제로 얼마나 많은 임상가들이 이런 이론을 문장완성검사 해석에 적용할지는 의문이다. 어떤 채점 체계를 따르든지 간에 수검자는 다른 투사검사와 마찬가지로 문장완성검사 반응에서 자신의 지각, 태도, 신념, 생각, 감정 등 심리적 특성을 표현할 것이라는 가정하에 검사자가 갖고 있는 이론적 지향 외에 가급적 여러 이론을 통합적으로 적용해서 해석하는 것이 바람직할 것이다. 그런 측면에서 볼 때 레빙거의 자아 발달 이론과 머레이의 욕구압력 이론은 문장완성검사 해석에 유용하게 적용할 수 있다. 이러한 이론 외에도 특정 정신장애를 평가한다면 해당 정신장애의 정신병리에 대해 잘 알고 있어야 할 것이다. '아는 만큼 보인다'는 말이 있듯이 검사자가 알고 있는 이론적 지식과 배경은 문장완성검사 반응을 조금 더 풍부하게 해석할 수 있는 기초가 될 것이다.

문장완성검사는 쉽게 실시할 수 있고 정신 상태가 매우 혼란스러운 환자가 아니라면 검사에 대한 거부 반응도 적어서 임상 및 상담 장면에서 손쉽게 사용된다. 임상가들은 문장완성검사를 통해 성격의 중요한 측면을 이해할 수 있는 단서를 얻을 수 있고 문제가 되는 행동의 역동을 이해할 수 있다. 이 검사는 로샤 검사나 TAT와 같은 다른 투사검사를 대체하는 것은 아니며 이들 검사들을 보충해 준다. 또한 로샤검사나 TAT와 같은 투사검사는 채점과 해석에 많은 훈련을 필요로 하지만 문장완성검사는 해석이 상대적으로 쉽다보니 정신건강 관련 전문가들이 접근하기 쉬운 검사라는 장점이 있다. 상상력이 부족한 환자들이나 지능이 낮은 사람들은 TAT나 로샤검사에서 빈약한 반응을 하지만 보다 구조화된 문장완성검사에서는 중요한 개인적인 정보를 드러낼 수 있다.

본 저자는 오랜 임상 경험을 살려 새로운 문장완성검사를 개발하였지만 이 역시 제한점이 있다. 우선 미국에서 개발된 여러 버전의 문장완성검사처럼 객관적인 채점 체계를 마련하지 못하였고 규준적인 자료를 제시하지 않았다. 문장완성검사는 종합 심리 검사 배터리에 포함된 다른 검사들에 비해 객관적 해석 체계가 없이도 사용되고 있고 다른 투사검사를 보충하는 의미로 사용되는 경우가 많아 양적인 채점 체계가 마련된다고 해도 임상적인 유용성이 크지 않다고 판단하였다. 그러나 Part I에서 제시한 여러 채점 체계들처럼 임상적인 자료가 충분히 쌓인다면 특정 환자 집단이나 수검자의 반응을 수량화시킬 수 있는 채점 체계 개발이 가능할 것으로 판단된다.

이미 서구의 여러 나라에는 문장완성검사 반응을 지적 장애, 사이코패스, 조울증, 조현병 등 임상적인 진단과 연결시킨 연구들이 많이 있지만, 국내에서는 문장완성검사에 대한 연구는 거의 없는 실정이다. 문장완성검사를 잘 해석하기 위해서는 정상적인 사람들이 보이는 반응에 대한 포괄적인 자료 축적도 필요하다. 그래야 정상 범주에서 벗어난 사람들의 반응을 비교하고 보다 정확하게 탐색할 수 있을 것이다. 따라서 새로이 구성한 문장완성검사가 임상적인 목적뿐만 아니라 여러 다양한 장면에서 활용되고 관련 연구를 북돋울 수 있다면 저자가 의도한 목적을 달성하는 것이다.

| 참고문헌

- 정옥분 (2014). 전생애 인간발달의 이론. 서울: 학지사.

- 이우경, 이원혜 (2012). 심리평가의 최신 흐름. 서울: 학지사.

- Dykens, E., Schwenk, K., Maxwell, M., & Myatt, B. (2007). *The sentence completon and three wishes tasks: window into the inner lives of people with intellectual disabilities.* Journal of Intellectural Disability Research, 51(8), 588-597.

- Ebbinghaus, H. (1896). *Üeber eine neue methode zur Prüefung geistiger Fäehigkeiten und ihre Anwendung bei Schulkindern.* Zeitschrift für Psychologie und Psychologie der Sinnesorgane, 13, 401-459.

- Endres, J. (2004). *The language of the psychopath: Characteristics of prisoners' performance in a sentence completion test.* Criminal Behaviour and Mental Health, 14(3), 214-226.

- Forer, B. (1960). *Word association and sentence completion methods.* In A. I. Rabin & M. R. Haworth (Eds.), Projective techniques with children (pp. 210-224). New York: Grune & Stratton.

- Forer, B. R. (1993). *The Forer Structured Sentence Completion Test.* Los Angeles: Western Psychological Services.

• Goodwin-Tribble, K. L. (2007). *Analysis of the Goodwin Sentence Completion Test in the Screening of Clinical Depression.* PCOM Psychology Dissertations. 56.

• Hamberger, M. J., Friedman, D., & Rosen, J. (1996). *Completion norms collected from younger and older adults for 198 sentence contexts.* Behavior Research Methods, Instruments, and Computers, 28, 102-108.

• Hart, D. H. (1972). *Sentence Completion Test for children In H. M. Knof (Ed.).* The assessment of child and adolescent personality. New York: Guilford Press.

• Hiler, E. W. (1958). *An analysis of patient-therapist as a predicotr of continuation in psychotherapy.* Journal of Clinical Psychology, 14, 192-194.

• Hogansen, J., & Lanning, K. (2001). *Five factors in sentence completion test categories.* Journal of Research In personality, 35, 449-462.

• Holsopple, J. Q., & Miale, F. R. (1954). *Sentence completion: A projective method for the study of personality.* Springfield, IL: Thomas.

• Holt, R. R. (1980). *Loevinger's measure of ego development: Reliability and national norms for male and female short forms.* Journal of Personality and Social Psychology, 39, 909-920.

• Hy, L. X., & Loevinger, J. (1996). *Measuring ego development.* Mahwah, NJ: Lawrence Erlbaum Associates, Inc.

• Jung, C. G. (1910). *The association method.* American Journal of Psychology, 21, 219-269.

• Loevinger, J. (1987). *Paradigms of personality.* New York: Freeman.

• Loevinger, J. (Ed.). (1998). *Technical foundations for measuring ego development: The Washington University Sentence Completion Test.* Mahwah, NJ: Lawrence Erlbaum Associates Publishers.

• Loevinger, J. & Wessler, R. (1970). *Measuring ego development (Vol. 1).* San Diego, CA: Jossey-Bass.

• Loevinger, J., Wessler, R., & Redmore, C. (1970). *Measuring ego development (Vol. 2).* San Diego, CA: Jossey-Bass.

• Mayers, K. S. (1991). *A sentence completion task for use in the assessment of psychotic patients.* American Journal of Forensic Psychology, 9, 19-30.

• Murray, H. A. (1938). *Exploration in Personality.* New York: Oxford university press.

• Murray, H. A., & MacKinnon, D. W. (1946). *Assessment of OSS personnel.* Journal of Consulting Psychology, 10, 76-80.

• Picano, J. J., Roland, R. R., Williams, T. J., & Rollins, K. D. (2006). *Sentence completion test verbal defensiveness as a predicotor of success in military personnel selection.* Military Psychology, 18(3), 207-218.

• Rabin, A. I., & Zltogorski, Z. (1985). *The Sentence Completion Method: Recent research.* Journal of Personality Assessment, 49, 641-647.

• Rohde, A. R. (1946). *Exploration in psychology by the Sentence Completion Method.* Journal of Applied Psychology, 30, 169-181.

• Rohde, A. R. (1957). *The Sentence Completion Method.* New York: Ronald.

• Rohde, A. R. (1960). *Word association and sentence completion methods.* In A. I. Rabin & M. R. Haworth (Eds.), Projective techniques with children (pp. 210-224). NewYork: Grune & Stratton.

• Rotter, J. B. (1951). *Word association and sentence completion methods.* In H. H. Anderson & G. L. Anderson (Eds.), An introduction to projection techniques (pp. 279-311). New York: Prentice Hall.

• Rotter, J. B., Lah, M. I., & Rafferty, J. E. (1992). *Rotter Incomplete Sentences Blank.* San Antonio, TX: Harcourt Brace.

• Rotter, J. B., & Willerman, B. (1947). *The Incomplete Sentences Test as a method of studying personality.* Journal of Consulting Psychology, 11, 43-48.

• Sacks, J. M., & Levy, S. (1950). *The Sentence Completion Test.* In L. E. Abt & L. Bellak (Eds.), Projective psychology (pp. 357-402). New York: Knopf.

• Stein, M. I. (1947). *The use of a sentence completion test of the diagnosis of personality.* Journal of Clinical Psychology, 3, 45-56.

• Stein, M. I. (1949). *The record and a sentence completion test.* Journal of Consulting Psychology, 13, 448-449.

• Tendler, A. D. (1930). *A preliminary report on a test for emotional insight.* Journal of Applied Psychology, 14, 122-136.

• Weiss, D. S., Zilberg, N. J., & Genevro, J. L. (1989). *Psychometric properties of Loevinger's Sentence Completion Test in an adult psychiatric outpatient sample.* Journal of personality assessment. 53(3), 478-486.

• Williams, R. E., & Vincent, K. R. (1985). *Loevinger's Washington University Sentence Completion Test.* In D. J. Keyser & R. C. Sweetland (Eds.), Test critique (Vol. 3, pp. 395-401). Kansas City, MO: Westport.

저자

이우경 e-mail | wisemind96@naver.com

주요 학력/경력
  현) 서울 사이버대학교 상담심리학과 교수
  전) 용인정신병원 임상심리과장
  • 이화여자대학교 발달심리학 박사
  • 가톨릭대학교 임상심리학 석사
  • 임상심리 전문가(한국임상심리학회)
  • 정신보건임상심리사 1급(보건복지부)

주요 저서/역서
  • DSM-5에 의한 최신 이상심리학 (저, 학지사, 2016)
  • 심리평가의 최신 흐름 (공저, 학지사, 2012)
  • 사랑중독 (역, 학지사, 2010)
  • 정서중심적 부부치료 (공저, 학지사, 2008)
  • 마음챙김 명상에 기초한 인지치료 (공역, 학지사, 2006) 외 다수

SCT 문장완성검사의 이해와 활용

2018년   2월 9일 1판 1쇄 발행
2022년 10월 1일 1판 4쇄 발행

저   자 | 이우경
펴 낸 이 | 김진환
펴 낸 곳 | **(주)학지사 (주)인싸이트**
　　　　　　서울시 마포구 동교로 18길 20 마인드포레스트빌딩
　　　　　　전화 | 02-330-5133   팩스 | 02-324-8200
설 립 일 | 1992년 2월 19일
등록번호 | 제2015-000357호
홈페이지 | http://www.inpsyt.co.kr

ISBN 978-89-5891-853-0 93180

가격 17,000원

교육문화출판미디어기업 (주)학지사
- 심리검사연구소 **인싸이트**　　　**www.inpsyt.co.kr**
- 교육연수원 **학지사에듀**　　　　**www.counpia.com**
- 학술논문서비스 **뉴논문**　　　　**www.newnonmun.com**